suficiencia.

El viaje

para descubrir

quien

ya eres

Dra. Tara Jenkins

Título original de la obra en inglés:
Enoughness

Copyright © 2019 por Tara Jenkins- Todos los derechos reservados.
No es legal reproducir, duplicar o transmitir ninguna parte de este libro en ningún medio digital o formato impreso. Queda estrictamente prohibido copiar esta publicación.

Traducción: Bianca Corral

Portada y diseño: DIDmedia.com

Publicado por la gente inspirada de LLC

A menos que se indique otra cosa, las referencias bíblicas incluidas en este libro corresponden a la versión Nueva Versión Internacional.
© Sociedades Bíblicas Unidas

Publicado en Febrero de 2020

1 2 3 3 5 6 7 8 9 0

ISBN #978-1-7357732-0-9

Printed and distributed in the US by Lightning Source, Inc.

US $22.00

ESTE LIBRO ESTÁ DEDICADO A:

Mi familia! Mi equipo de porristas #1!

Que Siempre Cree en Mi Suficiencia, Aún en Los Días en los Que Dudo de Mí Misma

Mi Madre Incomparable, Margaret Rawls

Mi Genial Esposo, Charles Jenkins

Mis Extraordinarios Hijos,

Charles Jenkins III,

Paris Victoria & Princess Alexandria

ÍNDICE

A Lo Largo Del Viaje 1

Nunca Suficiente 14
Tu entorno y el rol de la sociedad en promover sentimientos de descontento

Fue Suficiente 29
Tu preparación para donde dios te ha llamado

Ya Es Suficiente 48
 La línea en la arena que pone fin a tu propia inseguridad

Sólo Lo Suficiente 70
Tus deficiencias que glorifican la suficiencia de dios

Ya Eres Suficiente 90
Tu disposición para vivir tu llamado

Se Ha Dicho Lo Suficiente 104
Tu aceptación sobre lo que dios ha dicho de ti

A LO LARGO DEL VIAJE

"Porque somos hechura de Dios, creados en Cristo Jesús para buenas obras, las cuales Dios dispuso de antemano a fin de que las pongamos en práctica"
Efesios 2:10

¿Te has preguntado alguna vez cómo responder a esta simple palabra? "Preséntate". Todos hemos estado en una de estas raras reuniones donde hemos tenido que ir por toda la sala a presentarnos con el grupo. Se te seca la boca. Empiezas a pensar qué decir. Algunos en la sala lo tienen perfectamente dominado; otros empiezan a decir algunas frases que en realidad no tienen mucho sentido. ¿Cuál de ellos eres tú? Cuando piensas en ello, ¿quién eres tú realmente? No parece ser una pregunta complicada, y aún así, cuando pensamos en quiénes somos, muchos no sabemos qué decir. Puedo imaginarte pensando en tu mente ciertos elementos que te definen: tu nombre, edad, colonia, a qué escuelas fuiste, de quién eres hijo, esposo, padre... todos tenemos esas respuestas preestablecidas. Estoy segura de que tú también.

enoughness

Las respuestas que hemos acumulado a lo largo de los años, son las que se nos han enseñado a responder desde que empezamos a aprender.

La cultura en la que vivimos nos etiqueta aún antes de poder siquiera deletrear nuestro nombre. En el momento en el que la prueba de embarazo de tu mamá sale positiva, dependiendo de tu sexo, son las primeras etiquetas que te cuelgan. Desde ese momento, nuestros padres o la gente que amamos nos pusieron un nombre en base a varias razones. En mi caso, mi abuela me puso "Tara" igual que el personaje de la telenovela "Todos mis hijos", porque pensaba que era una chica dulce. En tu caso, tal vez eligieron tu nombre de un libro de Nombres para bebé. Tal vez te llamaron como a tu mamá o tu papá, un tío o tía, o tal vez un abuelo o bisabuelo. Conozco gente que le pusieron el nombre de una persona famosa, de algún puente ¡o hasta de una calle!

Como sea que haya sucedido, de repente tienes una etiqueta a tan solo unas horas de nacido. Tu género -tu nombre- y tal vez hasta un detalle del orden de tu nacimiento -el pequeñito, el mayor, el de en medio o el gemelo- iniciaron el proceso de definir "quién eres".

Cuando evocamos nuestros recuerdos más antiguos, de niños nos enseñaban a decir nuestro nombre y edad para impresionar a la gente que nos encontrábamos los pasillos del supermercado. "Dile a la señora cuántos años tienes." En respuesta, levantábamos nuestros dos deditos -tal vez tres- y nos aplaudían por ser tan tiernos e inteligentes para nuestra edad. Sonreíamos, porque básicamente nuestra meta en la vida es hacer feliz a una audiencia específica. Ya sea nuestra mamá, nuestro papá, nuestros abuelos o algún extraño en la tienda, deseamos que cualquiera que esté viendo, nos aplauda y nos apruebe.

Recuerdo esos momentos cuando era niña, y definitivamente he perpetuado este comportamiento ahora como madre. Recuerdo que me encantaba la manera tan tierna en la que nuestro hijo decía el número "ocho". Le pedíamos que respondiera "ocho" a cualquier pregunta que le hiciéramos. Luego creábamos estos ridículos problemas de matemáticas cuya respuesta a todos era "ocho". Luego le decíamos (y si era posible lo grabábamos), "Charles, ¿cuánto es 2020 menos 2012?" O cualquier problema matemático que hubiéramos creado. En el momento en el que él contestaba "ocho", toda la familia y amigos se deshacían en felicitaciones y expresiones de admiración. Estoy segura que este tipo de crianza induce la noción de complacencia a todo el mundo. Cuando pensamos en esto, ¿a quién no le gusta complacer a todo el mundo? Esto es mucho mejor que no complacer a nadie, ¿cierto?

Nuestros primeros atuendos fueron escogidos de acuerdo al gusto de uno de nuestros padres, abuelos o hasta de algún padrino, hasta que llegó el momento mágico en que nos dimos cuenta de que no teníamos que promover lo que traíamos puesto y que podíamos cambiar nuestro aspecto. Recuerdo muy bien que yo era la única persona que se veía como yo misma en la clase de la Profesora Stanley, una clase compuesta de alumnos de primero y de segundo grado. Desde el primer día en primer grado, en el que la maestra no dejaba de decir lo lindo que era mi atuendo y me tuvo cerca de ella todo el día, me puse como meta recibir ese cumplido de su parte todos los días. Empecé a imaginar su voz cuando me vestía en la mañana. Recuerdo una mañana cuando mi mamá me puso una playera tipo polo color durazno con una florecita.

Inmediatamente pensé que ese atuendo era demasiado simple para el gusto de la Profesora Stanley. Entonces le dije a mi mamá: "Mamá, la Profesora Stanley no va a decir que hoy me veo linda". ¿Lo ves? Aún ahí cuando iba en primer grado de primaria, sabía que la Profesora Stanley era importante. No era solamente la profesora de primero y segundo grado de la Primaria Andrew Jackson en Jackson, Tennessee, también era la superintendente de todo el sistema escolar de la ciudad. El haber sido consciente de esto a tan corta edad me sorprende ahora que he estado en búsqueda de mi *suficiencia*. Tal vez ese primer recuerdo sea de cuando despertó mi apetito por la aprobación.

Piensa en esto. Conforme vamos creciendo, nuestro enfoque en la aceptación continúa con el deseo de recibir aprobación de una audiencia creciente de compañeros, maestros, mentores, colegas, pretendientes, después esposos e hijos.

A lo largo de nuestro desarrollo, se nos recuerda constantemente lo valioso que es nuestro desempeño académico, atlético y artístico. Empezamos a medir nuestra propia importancia y la importancia de otros en base a los logros y, si no somos cuidadosos, nuestros ideales se convierten en ídolos. De manera intencional, o sin saberlo, podemos idolatrar una imagen modelo o un cierto estatus al que anhelamos pertenecer. Si no estamos a la altura de este ideal que hemos valorado de alguna manera, podemos entrar en un ciclo de procesamiento percibido, que genera condenación, juicio e inseguridad. Si no se revisan, las palabras que resonaron desde el primer día hasta hoy, dictarán y definirán cada aspecto de nuestro ser. Creemos, nos transformamos, o nos adaptamos a la persona que la sociedad nos dice que somos. Asimismo, insistimos en reiterarnos cada mañana frente al espejo lo que sea que nos hayan enseñado, ya sea positivo o negativo.

Cuando me preparaba para escribir este libro, pensaba en mis respuestas preestablecidas a esta pregunta, simple pero a la vez sumamente complicada: "¿Quién eres?" Soy Tara Yvette Rawls Jenkins, hija de Margaret Rawls y el difunto George Rawls, esposa de Charles Jenkins, madre de Princess Alexandria, Paris Victoria y Charles Jenkins III. Al momento de escribir este libro, tengo 44 años. Soy graduada de la Universidad de Clark en Atlanta, del Instituto Bíblico Moody y del Seminario Teológico Bautista del Sur. Crecí en Jackson, Tennessee, pero Chicago ha sido mi hogar en los últimos 22 años. En gran parte de los escenarios en los que he servido en los últimos 20 años, en la Iglesia Bautista Misionera de Chicago, me han presentado como la esposa del pastor y ese papel e identificador terminará hasta que mi esposo se retire al final de este año.

Entonces, ¿QUIÉN SOY YO? Ya sabes que soy su hija, su esposa y su madre, que soy originaria de esta ciudad y residente de aquella otra, y podría seguir dándote más credenciales sobre lo que he hecho o con quién tengo un vínculo. El problema es que, todavía no te he dicho QUIÉN soy. Te he dicho quién soy para otros. Te he dicho lo que he hecho. Básicamente, te he hablado de mis etiquetas. Siendo realistas, ¿qué tanto sabemos QUIÉNES somos fuera de nuestras etiquetas? Es como si tuviéramos que leer nuestras etiquetas para describirnos a nosotros mismos.

Conozco a una mujer que cada año se va de viaje a esquiar. Por alguna razón, conserva las etiquetas del centro de esquí, esas que te ponen en el *zipper* de tu chaqueta y que te permiten bajar y subir del teleférico. En cualquier momento, podría traer colgadas veinte en su chamarra. ¡Y le encanta! Me gusta pensar de esa forma en nuestras etiquetas, colgando por todas partes y no necesariamente de una manera positiva. Cuantas más aceptamos, más se nos van añadiendo. ¿Cuántas de esas etiquetas realmente nos representan y cuántas de ellas hemos aceptado simplemente porque alguien nos las puso?

enoughness

Dios nos ve a ti y a mí mucho más que esas etiquetas colgando de nuestros *zippers*. Somos más que la suma acumulada de nuestras experiencias: recuerdos, deseos, creencias, éxitos, fracasos, conocimiento, sensaciones, alegrías y penas. Eso que percibimos como "victorias" o "fracasos" podrían ser cosas adheridas a ti, ¡pero no son tú! Esas asignaciones no definen "quién" eres.

¿Alguna vez has examinado un reloj? Está hecho de caja, manecillas, batería o corona (dependiendo si es automático o no), de un cristal y una correa. Algunos relojes tienen más partes y por lo tanto el precio en su etiqueta es más alto. Sin embargo, entendemos que un reloj es un reloj y que sirve para dar la hora. No es primero un reloj y luego se le agregan cosas. La caja, las manecillas, la batería, la corona, el cristal y la correa forman en conjunto el reloj en sí. Los complejos detalles de dar la hora vienen de la creación misma del "reloj". Su inventor los hizo por una razón específica: dar la hora. La creación del reloj no fue accidental.

Tenía un propósito definido a la hora de ser diseñado. Tú tienes un propósito que es más importante que cualquier etiqueta académica, legal o relacional que te hayan puesto.

Hay mucho más en ti que las etiquetas que te han puesto. La Biblia nos dice que Dios estaba hablando con Jeremías y le dijo: "Antes de formarte en el vientre, ya te había elegido; antes de que nacieras, ya te había apartado; te había nombrado profeta para las naciones"- Jeremías 1:5. Esto no es sólo para Jeremías, sino para ti y para mí. Antes de que fuéramos un cigoto, Dios sabía QUIÉNES éramos. Él nos apartó para cumplir una tarea específica, un propósito particular, un rol diferente en Su historia. Tú no eres ningún accidente ni mucho menos un error. Mientras que tal vez hayas sido una sorpresa para tus padres, para Dios no lo fuiste. Tienes un lugar único en el universo que sólo TÚ puedes llenar. Tú importas. Tú importas hoy… ahora mismo. Ninguna decisión o error cambia el hecho de que seas importante y único para Dios. Estás en el lugar y en el tiempo correctos. Y, lo primordial, le importas al Creador del Universo.

Entonces ¿por qué a veces parece tan difícil ser quienes realmente somos? ¿Cómo nos encontramos atrapados en la rutina de la vida, cansados del mismo escenario, corriendo aprisa sin ir a ninguna parte? Mi mejor amiga Phillis con frecuencia dice que podemos vivir la vida con mucha acción pero sin ningún avance. Aún sí, con todo el esfuerzo, muchos vivimos nuestra vida cansados de tanto trabajo sin fruto, sintiéndonos insatisfechos, fingiendo una vida plena.

Con frecuencia y de manera pretenciosa, nos convertimos en personas con las que ni siquiera podemos identificarnos.

Cuando descubres quién eres realmente –quién quiso Dios que fueras- tus conjeturas al preguntarte qué deberías hacer o cómo deberías comportarte, simplemente se evaporan. Ésta fue la fuerza conductora detrás de escribir este libro, porque conozco la enorme ventaja de responder a esta pregunta universal. Cada mañana me paro frente al espejo y me recuerdo a mí misma "Quién soy", y ¿QUIÉN SOY? ¡SUFICIENTE! Ya no me conformo con lo que los demás dicen que debería ser, sino que encuentro satisfacción en quien Dios diseñó que yo fuera.

Al darte cuenta de la clara intención de Dios de poner su huella en tu vida, toda tu confusión, todos tus miedos e inseguridades se disuelven. Ya no hay una medida de comparación con los demás, ni estás encasillado en lo que la sociedad ha construido alrededor tuyo.

Cuando te conviertes en la persona que divinamente fuiste diseñada para ser,

¡encuentras libertad en ser quién eres! Se empieza a desplegar tu impacto en el mundo … y cada nueva mañana trae la plenitud que has querido toda tu vida.

Estás emprendiendo un viaje para convertirte en la persona que eres en esencia, la persona que Dios pensó aún antes de que fueras un destello en los ojos de tus padres. En la misma esencia de ti está la persona que siempre has sido: un hijo de Dios único, hecho a la medida, con un propósito poderoso y eterno.

Pero encontrar al "verdadero tú" puede ser un gran reto. Eliminar las capas de etiquetas toma tiempo, honestidad y trabajo. Las palabras que otros proyectan diariamente sobre nosotros pueden debilitarnos, al recordarnos aquello que nos falta o lo pequeños que somos en comparación a otros. Aceptamos a la persona que los demás prefieren que seamos y dejamos de pensar en la posibilidad de ser quien nos han dicho que nunca podremos llegar a ser. ¿El resultado? Caminamos de la manera en la que nos han dicho que debemos de caminar, pero quedamos atrapados en un camino circular que nos lleva cada día al mismo lugar.

¡Hoy todo cambiará! El reto empieza al abrir las páginas de este libro. ¡Es tiempo de llenar tu corazón y tu mente con la *suficiencia* de quién eres en Cristo Jesús quien, a través de Su amor, te ha provisto de manera perfecta de cada talento, tarea y habilidad que necesitas para convertirte en la persona que fuiste creada y diseñada para ser!

La *suficiencia* de nuestra creación nos permite frenar el engaño que nos dice quién NO somos o quién estamos pretendiendo ser – y nos permite ver claramente QUIÉN SOMOS realmente. Dentro de ti y de mí está depositado un futuro intenso, audaz y profundamente significativo, pero debemos permitir a Dios que lo saque a la luz.

Al explorar juntos las posibilidades, quiero que tomes un momento y consideres esta oración: "Yo soy quien Dios dice que soy. Soy SUFICIENTE." Escríbela en el espejo; escríbela en una tarjeta y llévala en tu auto; pégala en tu escritorio en el trabajo o en tu mesita de noche.

Conforme vas creciendo en Dios y avanzando a través de las páginas de este libro, aprenderás muchas más palabras que realmente necesitas para completar tu identidad en Él. "Soy SUFICIENTE porque Dios dice que lo soy. Soy hermoso porque Dios dice que lo soy. Soy amoroso, amable, sensible, porque Dios dice que lo soy. Estoy protegido. Soy sanado.

Soy victorioso porque Dios dice que lo soy."

¿Estás listo para abrir tu corazón a la persona que Dios te ha hecho ser y no a las etiquetas con las que te acostumbraste a crecer? Éste no es un libro de autoayuda ni te estoy prometiendo que te vas a volver una mejor persona en un cierto tiempo. No existe una fórmula especial o una serie de instrucciones a seguir paso a paso. Lo que sí quiero ofrecerte es la oportunidad de sentirte pleno, de tener un impacto en el mundo, de abrazar la felicidad que viene de ser quien realmente eres y de desarrollar una relación profunda con tu Creador.

Así que, si estás cansado de tratar de encontrar un sentido y una dirección… si estás cansado de preguntarte para qué fuiste creado… si te sientes estancado en una vida ordinaria… la suficiencia te va a guiar hacia ti mismo, a tu yo creado, a la zona de "SUFICIENCIA" en la cual fuiste destinado a vivir.

A Través Del Viaje: Omémoslo Personal Entonces, Hagámoslo Espiritual

Imagina las nuevas cosas que puedes comprar. Un marco para fotos, un lindo juego de vasos en los que puedes poner flores o velas. Cada cosa está lista para usarse, salvo por una cosa: la etiqueta del precio. Hace poco, mi familia y yo nos tomamos unas fotos. Pensé que las fotos estaban listas para poder compartirlas ¡pero me di cuenta de que tenía pegada una etiqueta bastante obvia en la suela de mi zapato! Ese detalle era una distracción. Esa etiqueta manchaba la foto que estaba a punto de mandar. Algunas etiquetas se quitan fácilmente. Otras se quitan en parte y todavía se puede ver el precio. Otras más son muy necias y no se pueden quitar. Trabajemos juntos en quitar algunas etiquetas.

Pensándolo a Través

¿Qué etiquetas tienes puestas? _____

_____

_____

¿Qué etiquetas te has tratado de quitar que crees que no se hayan quitado por completo? _____

_____

_____

¿Qué etiquetas sientes que se te han quedado pegadas? _____

_____

_____

¿Qué etiquetas son importantes para ti o tienen un significado especial? _____

_____

La Manera En La Que Te Ves A Ti Mismo Se Revela A Menudo En La Manera En La Que Te Representas

Toma un momento: reflexiona y escribe cómo te presentas normalmente en algún ambiente nuevo o con gente nueva. A través de este ejercicio, verás cuáles etiquetas has tenido pegadas y de cuáles necesitas despegarte.

Pensemos En Esto

¿Quién eres? _____

_____

_____

A LO LARGO DEL VIAJE

¿Qué haces? _____

_____

_____

¿De dónde eres? _____

_____

_____

Respuesta Encasillada Vs Revisión Sincera

      Lo que digo   Yo que es mi verdad

Nunca Suficiente

Tu Entorno Y El Rol De La Sociedad En Promover Sentimientos De Descontento

> *"Tú creaste mis entrañas; me formaste en el vientre de mi madre. ¡Te alabo porque soy creación admirable! ¡Tus obras son maravillosas, y esto lo sé muy bien."*
> *Salmos 139:13-14*

Si te dieran la oportunidad de describir el tipo de persona que eres, ¿qué dirías? ¿Qué características te hacen ser único? ¿Qué es lo que te hace ser diferente a los demás? ¿Qué es lo que más te gusta de ti? ¿Qué es lo que menos te gusta de ti?

Hemos aprendido a vernos a través de los lentes de los demás. Una amiga, a la que quiero mucho, llegó a un punto tan bajo en su vida que tuvo que tomar la difícil decisión de salirse de las redes sociales hasta estar lo suficientemente sana para conectarse de nuevo. Mi esposo dice a menudo que las redes sociales son como un ladrillo. Puedes construir algo con él o lo puedes usar para derribar algo.

La realidad de las redes sociales es que llenan nuestras vidas en muchas maneras mediante conexiones positivas. Me he vuelto a conectar con gente con la que nunca hubiera podido reconectarme sin las redes sociales. También he podido orar por aquellos que tienen necesidades de las que nunca me habría enterado por la distancia o la pérdida de contacto. Ver y celebrar con la familia y los amigos es divertido. Desearle a la gente "Feliz cumpleaños" o "Feliz Aniversario" hace que la gente sonría. Pero, hay un elemento negativo del que no nos gusta hablar, pero tenemos que hacerlo. Estas plataformas pueden ser terrenos fértiles para volvernos adictos a las comparaciones y alimentar nuestro descontento. Las redes sociales no solamente provocan que nos estemos comparando, sino que también consumen nuestro tiempo, ¿o debería decir *roban nuestro tiempo*? Nos hemos programado para revisar nuestros dispositivos móviles en cuanto abrimos los ojos: el clima, las noticias, el correo, Facebook, Instagram y Twitter. Yo lo llamo "el repaso matutino de 10 minutos", aunque nuestro tiempo de pantalla indique que son más de 10 minutos. Igual que con un hábito adictivo, batallamos para desconectarnos. Existe ese efecto continuo que nos ronda, que nos atrae y nos llama a revisar nuestros dispositivos una vez más. Tenemos esa sensación falsa de estar informados y no queremos perdernos de nada ni sentirnos excluidos. ¿Podría ser más bien que el Dios que te despertó en la mañana sea quien se está quedando excluido? ¿Puedes imaginarte a Dios diciendo: "¡Ey, por aquí, háblame a mí primero!"?

Hace poco noté con gran pesar la poca interacción personal que la gente tiene una con otra. Echa un vistazo en un restaurante, en un parque, en un café y verás gente con el cuello agachado mirando su celular- aún cuando hay dos personas en la misma mesa. Valoramos más a la persona que está del otro lado del celular que a la persona sentada justo en frente de nosotros. ¿Y nos preguntamos por qué la mayoría de la gente alrededor del mundo se siente insignificante, devaluada, sin amigos?

También luchamos por entender por qué somos incapaces de terminar alguna tarea o de concentrarnos. La realidad de ese dispositivo al que nos aferramos y que necesitamos tener en nuestras manos 24/7 o casi, es que, cuando suena, lo vemos. He aprendido, cuando estoy escribiendo, a guardarlo en un cajón y revisarlo cada 30 minutos (y eso sólo porque mis hijos se encuentran en lugares diferentes). Si no hago eso, sería arrastrada al Mundo de las Redes Sociales y lejos de mi Padre Celestial.

Las redes sociales también nos atraen a un falso sentido de realidad. Comparamos nuestras vidas con las vidas de otras personas como nunca antes lo habíamos hecho, ya que desde lo que se prepara para comer, la decoración de la casa, los carros nuevos, los logros de los niños y las reuniones familiares perfectas, son exhibidas 24 horas al día, los 7 días de la semana. La mayoría de la gente no postea fotos de los montones de ropa sucia, de los platos sucios en el fregadero, del niño de dos años tirado en el piso del supermercado haciendo un berrinche, ni de las dificultades en la dinámica familiar. ¿Alguna vez alguien ha posteado algo REAL? Nos sentimos atraídos al mundo de la TV Irreal. Nuestra obsesión genera un descontento crónico, seguido a nuestra incapacidad de desconectarnos. En otras palabras, nos encontramos en un estado perpetuo de "No ser nunca suficientes".

Publicación tras publicación, en cada desplazamiento del cursor, un filtro sobre otro filtro, estamos consumiendo mentiras. Mentiras que nos están haciendo dudar de que quiénes somos como personas y como creyentes. La vara con la que nos medimos en comparación con otros está muy lejos de ser exacta. ¡Empezamos a ver nuestra vida y nuestra familia como si fuéramos los únicos que no están viviendo un sueño! Las palabras que giran en nuestra mente, basadas en las heridas y fracasos de nuestro pasado, hacen la herida más profunda, impidiéndonos ser la persona que realmente somos, la persona tan hermosa que Dios quiso que fuéramos. Abandonados a nuestros propios pensamientos y puntos de vista, nos preguntamos de dónde surgen esas mentiras y por qué las creemos.

Desde el primer día en el que nos envuelven en una cobija rosa o azul, estamos siendo moldeados a los ideales de la sociedad y la tradición. Porque mi abuela hizo algo de un modo particular, mi mamá lo hizo y estoy segura de que yo también lo hice. Aprendemos viendo, escuchando y experimentando la vida como lo hacen los demás. No hay nada de malo en esto, porque así es el proceso de aprendizaje. Recuerdo cómo veía a mi mamá hacer su cama, cómo colocaba almohada tras almohada tras almohada, cómo doblaba las sábanas y cómo jalaba bien el edredón para que se viera bonito. Hasta el día de hoy sigo pensando que "una cama bien hecha" es así como se hace. Imitamos lo que vemos y hacemos eco de lo que escuchamos.

Desde la edad preescolar y la escuela primaria, la sociedad nos enseña cómo actúa el status quo, qué es lo normal y cómo debemos actuar si queremos ser aceptados. Y, mientras sigamos esos lineamientos, estamos bien; pero no todos estamos equipados para eso. Conforme vamos cumpliendo esas expectativas y los criterios que nos dicen si somos o no aceptados, vamos cayendo aún más en la trampa de las etiquetas y nos alejamos cada vez más de la persona que Dios creó y quiso que fuéramos.

      Mi fuerte y sensata madre solicitó el divorcio cuando estaba embarazada de mí de siete meses. Sin embargo, aunque crecí sin un padre en casa, nunca sentí que me faltara amor o apoyo de mi familia. Mi tía Liz se mudó con nosotras y ayudó a mi mamá a educarme hasta que se casó cuando yo tenía 11 años. Siempre he estado rodeada de una familia que me apoya del lado de mi mamá y también de la mayoría de la familia de mi padre, casi siempre ausente. No sabía que la "estructura de mi familia" no era considerada como normal por los estándares de la sociedad hasta que un día que estaba jugando con un amiga, dijo "Yo no vengo de un hogar destruido como el tuyo." ¿Un hogar destruido? Debido al increíble apoyo de la familia y a la red de amistades de mi mamá, yo nunca supe que me faltaba un padre ni que hubiera algo destruido en mi vida.

    Mientras crecía, estaba rodeada en mi familia de estabilidad y amor. Estoy tan agradecida por las raíces que me cimentaron por parte de mi abuela, abuelo, tíos, tías, primos, padrinos y mi mamá. En cualquier cosa en la que estuviera involucrada, siempre alguien de la familia me animaba. Alabo a Dios por mi familia y por el poder con que los equipó para compensar cualquier falta y hacer "que nuestra familia funcionara". Mientras estás leyendo esto, entiendo que puedas haber pasado o no por algo similar. Tu historia puede ser diferente a la mía. Tal vez, mientras crecías, sentiste la inestabilidad de haber crecido con un solo padre en casa o ninguno.

    Quizás tenías a tus dos padres pero creciste con una ausencia de amor. En todos nosotros hay vacíos, sin importar si nuestra educación fue convencional o poco convencional. Esos espacios vacíos necesitan ser llenados y sanados. Necesitamos reconocer que existen y tratarlos. Tendemos a esconder los sentimientos que ya no queremos sentir, pero tenemos que sentirlos para sanarlos. En algunos casos, hay que encontrarlos primero para luego sacarlos.

Nuestros primeros años juegan un papel muy importante en nuestro desarrollo y en nuestra habilidad para descubrir quiénes estábamos destinados a ser. Tal vez, aunque hayas tenido todo el apoyo a tu alrededor, lo que te hacía diferente a los demás hizo que otros señalaran quién no eras o lo que no tenías.

Esas palabras han creado una historia en tu vida que hace que sientas que *no eres suficiente*. Hay algo en cada uno de nosotros que nos empuja, se mete, se entromete y nos pincha en esos lugares que generan ese sentido de insuficiencia e incompetencia.

Dios puede darte, concederte y darte la gracia de sentirte realizada y suficiente, incluso cuando las estadísticas o el estado actual de tu vida parezcan ser una situación "menos que suficiente". Nuestro ser interior fue creado para cumplir el propósito de Dios en Su Reino. Nuestro ser interior escucha el llamado de Dios, pero nuestra carne lo ignora y no quiere aceptarlo. Aunque muchos de nosotros pensamos que esas palabras de propósito suenan bien y nos gusta la idea, no siempre vivimos como si las creyéramos. Al ir madurando y navegando por la vida, podemos empezar (por default) a conformarnos más y más en quien el mundo dice que somos y no en quien Dios dice.

Como conferencista muchas veces le pregunto a mi audiencia: "Cuántos de ustedes se acuerdan de cuando eran niños y le contaban a los demás qué querían ser de grandes?". Cuando reflexionamos en lo que queríamos ser, ¿cuántos de nosotros somos exactamente lo que soñábamos ser? Generalmente, la mayoría de los que responden ha tenido un cambio de planes desde su deseo original, lo que lleva a una segunda pregunta: "Cuántos de nosotros estamos haciendo algo que nos apasiona? ¿Cuántos de nosotros sentimos que estamos viviendo una vida a la que hemos sucumbido?"

Cuando retrocedemos y vemos nuestra vida actual, nos percatamos de que nos hemos conformado con mucho menos de lo que Dios pretendía, y nuestra vida tampoco es lo que deseábamos. Dios quiere que vivamos la vida que Él planeó para nosotros, no sólo una vida que hemos basado en lo que a la gente a nuestro alrededor haga sentir cómoda o conforme a un molde en el que nos han querido meter.

Una de mis historias favoritas de la Biblia está en 1 Reyes 19. Empieza con un conocido profeta de aquellos tiempos llamado Elías. Elías vivía una vida increíble, y si el drama es algo que disfrutas, ¡ponte en sintonía con la vida de Elías! Aparece de la nada como si no fuera nadie, sin un largo linaje de antepasados en la primera mitad del siglo nueve A.C.; aún así, Elías estaba revestido del impresionante poder de Dios.

En 1 Reyes 19, después de una gran victoria contra los profetas de Baal, de haber orado para que lloviera después de años de sequía, se encontró huyendo por su vida, porque la reina Jezabel, esposa del rey Acab, quería su muerte. En los primeros versículos de 1 Reyes 19, Elías estaba sentado bajo un arbusto pidiéndole a Dios que lo dejara morir.

> *"¡Estoy harto, Señor! —protestó—. Quítame la vida, pues no soy mejor que mis antepasados."*
> *1 Reyes 19: 4-5.*

¿Alguna vez te has sentido así? ¿Cansado de las pruebas de la vida –perdido debajo de un arbusto- exhausto? ¿Alguna vez te has sentido fracasado, sin propósito y sin dirección? Bueno, pues no estás solo porque es exactamente así como Elías se sentía. Incluso después de grandes victorias, se encontraba pidiéndole a Dios que le quitara la vida.

Un ángel del Señor tocó su hombro y lo despertó, y le ordenó comer y beber porque necesitaría fuerzas para el viaje. Elías se levantó, comió y se volvió a dormir. Después el ángel lo despertó por segunda vez. Comió e inició el viaje que Dios le dijo que emprendiera. Entre las indicaciones dadas a Elías, su viaje lo llevaría a designar a su sucesor. Un hombre que trabajaba en el campo y que no tenía idea que Dios tenía un plan para su vida. Un hombre enfocado en su vida diaria, que no sospechaba que el profeta Elías estaba en camino para cambiar el rumbo de su vida.

Cuando leo la Escritura, me imagino algunas historias como un teatro musical. Como habrás adivinado, me encanta el teatro –los musicales, los conciertos y las producciones de danza. Todos los que me conocen saben que a veces puedo ser un poco teatral. Mi amiga Robin y yo tenemos un eterno debate con nuestros hijos acerca de quién es la más dramática. Hasta ahora, ¡es un volado al aire! En resumen, admiro y respeto las producciones bien hechas. Una de mis partes favoritas de un concierto o de una obra es el Intermedio. No soy de las que se levantan y se estiran o van al lobby por café o dulces. ¡No! Me quedo en mi lugar y escucho los sonidos detrás del telón. Al caer el telón negro, quedo inmediatamente intrigada. ¿Qué va a pasar después? Mientras me quedo sentada pensando en las posibilidades, pienso en Dios.

A veces, nuestras vidas están en un Intermedio. No sabemos lo que Dios está haciendo detrás de la cortina mientras esperamos, pero Él sí. Aún antes de verlo, podemos escuchar que el cambio está por llegar y en el teatro me encanta ver cómo hacen los cambios en el escenario mientras que la orquesta o la música de la banda toca. Las escenas de los siguientes actos se están preparando para el desenlace- la Final.

Mientras que caminamos por la vida, detrás del telón está Dios orquestando los eventos que abrirán las puertas a los propósitos de nuestra vida. La pregunta difícil es: ¿cuántos de nosotros reconocemos o atravesamos esas puertas? Y algo aún más triste: ¿Cuántos de nosotros realmente creemos que Dios está detrás del escenario de nuestra vida? Es cierto, hay muchas escenas y partes del guión de mi propia vida que me hubiera saltado, editado o simplemente borrado. Sin embargo, Dios sigue mostrándonos que cada escena es parte de un todo para llegar al buen Final que el ha planeado de acuerdo a Romanos 8:28: *"Ahora bien, sabemos que Dios dispone todas las cosas para el bien de quienes lo aman, los que han sido llamados de acuerdo con su propósito"*.

Cuando Elías entró a los campos donde Eliseo trabajaba como capataz, el intermedio estaba terminando y el próximo acto estaba por iniciar. Ha habido momentos en mi vida en los que he sentido el mover de Dios. Supe instantáneamente que el intermedio terminaba y comenzaba la siguiente parte de mi vida. Tal vez tú también lo has sentido o lo estás sintiendo ahora mismo. A veces no sabemos que el Intermedio ha terminado hasta que ya estamos dentro del siguiente acto. Todo depende de Él.

" Elías salió de allí y encontró a Eliseo hijo de Safat, que estaba arando. Había doce yuntas de bueyes en fila, y él mismo conducía la última. Elías pasó junto a

Eliseo y arrojó su manto sobre él. Entonces Eliseo dejó sus bueyes y corrió tras Elías. —Permítame usted despedirme de mi padre y de mi madre con un beso —dijo él—, y luego lo seguiré."

No había nada de malo en el trabajo que Eliseo realizaba día con día. Trabajaba duro y seguramente tenía algún puesto directivo porque dice que conducía la duodécima pareja de bueyes. Si ocupaba un puesto de supervisor, tenía que arar con el último par de bueyes para asegurarse de que todos los zurcos estuvieran arados correctamente. ¿Cómo crees que era su vida? Puedo imaginarme su rutina diaria: levantarse, desayunar, vestirse, ponerle la yunta a los bueyes, arar, arar, arar, tomar una pausa para comer, darle agua a los bueyes, arar, arar, arar, quitar la yunta, alimentar a los bueyes, irse a casa, cenar, ir a la cama y empezar todo de nuevo al día siguiente una y otra vez. Era lo que Eliseo hacía todos los días. Aunque no era TODO su propósito, era lo que hacía mientras esperaba hacer lo que había sido llamado a hacer. La maravillosa parte de esta historia es que, cuando Elías puso su manto sobre los hombros de Eliseo, Eliseo estuvo listo para responder.

> *"Eliseo lo dejó y regresó. Tomó su yunta de bueyes y los sacrificó. Quemando la madera de la yunta, asó la carne y se la dio al pueblo, y ellos comieron. Luego partió para seguir a Elías y se puso a su servicio."*
> *Reyes 19:20.*

Eliseo no sabía que Elías iba a venir. No sabía que ese sería el último día que estaría detrás de un arado de bueyes. Pero cuando Elías puso el manto sobre Eliseo, supo que lo que estaba sucediendo no era algo normal. No razonó en su mente: "… será muy bueno intentar esto, y si no funciona, volveré a lo que estaba haciendo".

Sus acciones tuvieron una mucho mayor intención. La Biblia nos dice que Eliseo quemó la madera del arado, mató a sus bueyes y dio a comer la carne a su familia y amigos. La realidad es que, si destruyó su arado, si mató a sus bueyes y si su familia vio que destruyó todo, no creo que hubiera podido regresar a trabajar muy pronto. Elías aprovechó la oportunidad en el momento, ya que conocía su propia *suficiencia* y entró a toda velocidad en su siguiente temporada de propósito.

Muchos de nosotros nos hemos conformado con una vida que la sociedad dijo que era nuestra porque algunos nos dijeron que nunca seríamos *suficientes* para hacer o ser algo más. Puedes sentir como si hubieras escuchado el llamado de Dios para hacer mucho más, pero no sientes tener lo suficiente para dar ese paso y alcanzar ese llamado. Tal vez te encuentres en una temporada de tu vida en la que sientas que nunca hay *suficiente* tiempo… nunca *suficiente* dinero… nunca has tenido *suficiente* educación… nunca *suficiente* apoyo o nunca *suficiente* confianza para hacer todo lo que la vida requiere de ti.

Posiblemente tu arado no es un objeto físico, sino mental. Tal vez necesitas quemar el arado y sacrificar a los bueyes que te dicen que nunca tendrás suficiente dinero para ir a la Universidad, nunca tendrás la suficiente inteligencia para graduarte, nunca tendrás las habilidades suficientes para operar un negocio, nunca tendrás la suficiente disciplina para perder peso, nunca tendrás la suficiente fuerza para dejar esa adicción, nunca tendrás la suficiente estabilidad para ser madre, nunca tendrás lo suficiente para superar tu pasado, nunca tendrás lo suficiente para ser perdonado por lo que hiciste, nunca tendrás lo suficiente para cambiar, nunca tendrás lo suficiente…

Juan 1:12 *"Mas a cuantos lo recibieron, a los que creen en su nombre, les dio el derecho de ser hijos de Dios."*

¿Te ves a ti mismo como la creación creativa del Creador? Me encanta decir esas palabras: "Soy la creación creativa del Creador". Hay algo en escuchar y creer que soy la creación creativa del Creador que suena en mis oídos y me hace querer bailar. No soy una persona común. Soy única. Soy diferente a cualquier otro y tú también. Hay un mantra que me gusta repetir cuando siento que no soy lo suficientemente buena para enfrentar alguna hazaña en particular. Es sencillo pero me hace sentir empoderada. "No encajo porque nací para sobresalir". Como hijos del Creador, tenemos un propósito, somos únicos, somos luces brillantes que se destacan entre la multitud y brillan en cada lugar oscuro. ¡No encajamos porque sobresalimos

¿Sientes la certeza de ser hijo de Dios, Su creación creativa? Te das cuenta de que eres de la realeza, por el hecho de ser no sólo UN hijo del rey, sino el hijo del REY de reyes? Piensa en cómo se ve eso. Tú eres hijo del Rey de reyes, del Señor de señores, del Creador creativo del Universo! La identidad que posees al ser hijo de Dios no puede minimizarse. Tu identidad no sube o cae según lo que haces o dejas de hacer- o según lo que pareces o no pareces ser. Como hijo del Dios Altísimo, la sociedad no tiene ya un papel importante en definir quién eres o en cómo estás etiquetado. No puedes ser MÁS hijo de Dios por tus méritos o MENOS hijo de Dios por tus errores. Nunca harás algo lo *suficientemente* bien para aumentar el amor que Dios tiene por ti como tu Padre Y nunca cometerás *suficientes* errores para perder Su amor. Tu identidad comienza aquí…

enoughness

Nunca Suficiente: Tomémoslo Personal

Después de una maravillosa niñez rodeada de personas que me apoyaban, lo que pudo haberse sentido como el fin del mundo para mí a los 17 años (no graduarme con mi grupo de la preparatoria) fue el choque con la realidad que no sabía que necesitaba. No todo saldrá siempre como creo que debería salir, tanto en base a mis propias acciones como en circunstancias fuera de mi control. Ya sea que estés pasando por un buen o muy mal momento en tu vida, no todo mundo te apoyará. Salir de mi casa y mudarme a mi dormitorio en Pfeiffer Hall en la Universidad Clark de Atlanta fue una transición interesante. Estaba súper emocionada de empezar esta nueva aventura en la que había sido mi primera opción, una Universidad Históricamente Negra (HBCU por sus siglas en inglés). Al mismo tiempo, llegar a una nueva ciudad, un nuevo entorno y una nueva temporada directamente después de una decepción pública, me dejó con una sensación de vergüenza, como si fuera la única que estuviera llegando a este entorno directamente después de la escuela de verano. Me pareció que todo mundo había tenido una fiesta de graduación de la preparatoria y que sus fotos de graduación decoraban sus dormitorios. Cuando comencé la Universidad no había visto mi diploma. Llegó a casa por correo de una manera muy poco ceremoniosa cuando yo ya no estaba ahí.

Puedo reflexionar y admitir que al principio de mi proceso de admisión a la Universidad de Clark en Atlanta, mi personalidad extrovertida y osada se suavizó un poco. Mis calificaciones de los dos primeros semestres no fueron muy buenas (hasta el verano después del primer año cuando mi mamá me hizo manejar un montacargas y trabajar por turnos en una fábrica). Aunque estaba llena de incertidumbre por lo que pasaría los siguientes semestres, mi determinación pesó más que mi duda porque soy 100% alérgica a renunciar.

Siempre he tenido un espíritu de no *renunciar*. Aún ahora, mis hijos lastiman mis sentimientos cuando quieren renunciar a una actividad, un deporte, un idioma o un instrumento. Voy y les canto: "¡Los Jenkins no renuncian! ¡Los Jenkins no renuncian!"

Sin embargo, puedes ser determinado y aún así estar en shock como yo lo estaba al saber que no todo mundo quiere verte triunfar. ¡En qué burbuja vivía! Pero la vida rompió mi burbuja muy rápido y en repetidas ocasiones. Renuncia a la necesidad de saber por qué algunas personas están contra ti y creen que nunca serás lo *suficientemente* bueno. Mejor ponte a hacer lo que tú crees que Dios te ha llamado a hacer en el lugar en el que crees que Dios te ha llamado a hacerlo.

No dejes que las gradas vacías, los abucheos o las porras de tus fans determinen tu dirección o tu obediencia a Dios.

¡Tú eres *SUFICIENTE* para hacer lo que Dios te ha llamado a hacer porque el Señor está contigo!

¡Él te hizo!

¡Él te escogió!

¡Tú importas en SU historia!

Tu Suficiencia Se Hará Manifiesta A Medida Que Descubramos Las Áreas Donde Se Te Ha Dicho Que No Eres Suficiente

¿Qué frases como "nunca serás suficiente" hacen eco en tu vida?

¿Qué frases como "nunca serás suficiente" se repiten en tu mente?

Este es nuestro punto de partida. Este es el antes de nuestro después.

Ejemplo:

Nunca __*estaré*__ lo suficientemente __*enfocado*__ como para __*graduarme*__.

Write Yours Below: Make It Personal!

Nunca _____ lo suficientemente _____ para _____.

Nunca _____ lo suficientemente _____ para _____.

Nunca _____ lo suficientemente _____ para _____.

Nunca _____ lo suficientemente _____ para _____.

Nunca _____ lo suficientemente _____ para _____.

Fue Suficiente

Tu Preparación Para Donde Dios Te Ha Llamado

> *"Pero ustedes son linaje escogido, real sacerdocio, nación santa, pueblo que pertenece a Dios, para que proclamen las obras maravillosas de aquel que los llamó de las tinieblas a su luz admirable"*
> 1 Pedro 2:9

En el principio DIOS… estas son las palabras con las que inicia todo: Creación, la Biblia, la Vida. Esas son las palabras con las que empieza Génesis 1:1, *"En el principio creó Dios los cielos y la Tierra"*. En realidad, esas palabras deberían iniciar cada día, cada pensamiento, cada acción que tenemos como creyentes en el Dios Todopoderoso, nuestro Creador, nuestro Padre. La palabra en hebreo para "En el principio" es Bereshit (בראשית) y, de manera interesante,

enoughness

esta palabra se usa sólo en referencia a Dios. Lo que es real acerca de estas 4 palabras es que TODO comenzó con Dios - TODO es Dios. ¡ÉL es donde todo empieza! ¡Él creó los cielos, la Tierra y a TI! Y ya que somos Su creación, deberíamos de empezar cada día consultando al que nos creó.

¿Cómo inicia tu día? ¿Cómo son tus mañanas? Vamos a analizarlo juntos: abres los ojos después de una larga noche de sueño o a lo mejor no tan larga- tal vez no pudiste dormir o fue una noche en la que no descansaste porque dormiste de manera intermitente, lo que te dejó exhausto y desmotivado para salir de la cama.

Con fuerza, pones los pies en el suelo y te empujas hacia arriba. Empiezas otro día de interminables deberes cíclicos… vas tropezando a lo largo del día o vas moviéndote como robot, simplemente existiendo.

Según las estadísticas, se dice que la mayoría de nosotros vivimos nuestra vida sin estar conscientes de lo que significa realmente VIVIR. Hay estudio tras estudio que nos dicen que, tener un propósito, tener una dirección y tener una buena autoestima, traen satisfacción, longevidad y valor a nuestras vidas. Somos personas que quieren saber que hay mucho más en nuestras vidas que simplemente vivir y respirar. Porque queremos saber esto, debemos haber determinado internamente que hay más. Así que, ¿por qué es tan difícil saber cuál es realmente el propósito de nuestro ser? Creo que es más difícil cuando vivimos desconectados de la luz de nuestro Creador.

El mismo Creador que creó el Cielo y la Tierra en el principio, también creó nuestro cuerpo, nuestro ser y nuestro cerebro. ¡El cerebro es un mecanismo tan increíble en todos los niveles! Aunque su creación y su función son complejos, tenemos acceso al Creador para pedirle claridad, para pedirle por nuestras vidas y para pedirle confirmación de que somos suficientes para hacer lo que fuimos creados para hacer.

A lo largo de mis dos últimas décadas en el ministerio de tiempo completo, he aprendido muchas lecciones inolvidables. De las más sobresalientes, están los momentos en los que nos llamaban para orar por alguien a punto de morir. Nunca vi una persona que en sus últimos días quisiera más dinero, más carros o más casas. De costumbre, las palabras de una persona en sus últimos días son: "¡Tenía tantas cosas más que hacer!" o "Ojalá me hubiera preocupado menos por lo que pensaba la gente y hubiera hecho lo que pensaba que debía hacer." Con demasiada frecuencia nuestras vidas están llenas de cosas que no son vitales. Cuando reflexionamos sobre la brevedad de la vida, debemos sentirnos impulsados a esforzarnos en vivir una vida plena y que sirva al propósito por el cual nos creó el Creador.

Santiago 4:14b dice "*¡Y eso que ni siquiera saben qué sucederá mañana! ¿Qué es su vida? Ustedes son como la niebla, que aparece por un momento y luego se desvanece.*"

¿Qué parte de tu vida se está interponiendo para que vivas la vida mientras estás aquí en la tierra? Piensa sobre este pasaje en Santiago. La vida es como la neblina. Imagina cuando exhalas en un espejo y solo tienes unos segundos para escribir algo. Así de rápida es nuestra vida en el contexto de la eternidad. ¿Qué estás escribiendo en esos momentos en los que se puede ver ese vapor?

Recuerdo haber crecido con algunas personas que parecían haber nacido sabiendo qué iban a hacer por el resto de sus vidas. Había un chico que siempre dijo que iba a ser doctor. Cualquier tarea que hiciera en la escuela tenía algo que ver con la medicina: desarrollar una cura, ir a algún país del tercer mundo o abrir un consultorio en nuestra ciudad natal. Había pocos como él, determinados, enfocados y motivados. Otros compañeros míos cambiaron frecuentemente sus aspiraciones profesionales. En cuanto a mí, sabía que quería estudiar algo relacionado con los medios, pero dudaba sin saber qué exactamente. No estaba segura de lo que iba a hacer, o al igual que mis amigos, mis intereses fluctuaban entre una aventura de vida potencial a otra: ¿Periodismo de difusión? ¿Periodismo de prensa? ¿Relaciones públicas? ¿Radio secular? ¿Radio Gospel? ¿Comunicaciones de negocios?

Al acercarme al final de mis estudios en la Universidad de Clark en Atlanta, me inscribí en un posgrado pensando que podría mejorar mis estudios de Comunicación, pero en el proceso de solicitud, cambié de opinión. Al principio estaba en un camino educativo incierto. Algunas voces a mi alrededor me sugerían esto o aquello. Acabé por aceptar el hecho de que, sólo porque una persona es capaz de hacer algo bien, no necesariamente significa que esa sea su vocación, su pasión o su propósito. Lo que empezó como una aplicación para continuar con mis estudios en Comunicación de negocio y corporativas, terminó en un compromiso con la Escuela Bíblica y el Seminario con las respectivas becas que les siguieron. Aunque mi plan original fue alterado, decidí aceptar la interrupción de mi plan por parte del Creador. Hacer cualquier otra cosa nos puede llevar a vivir una vida con temor, con poca o nula dirección, sólo con nuestras incertidumbres. Muchas veces la gente dice: "La elección es tuya", pero hay momentos en los que la confirmación y la guía de Dios es tan fuerte, que sientes que la decisión ya ha sido tomada.

¿Alguna vez has tenido un sentimiento de insatisfacción en la boca del estómago? Tal vez es un sentimiento de frustración que sientes al ir todos los días a trabajar, sin propósito alguno más que recibir tu sueldo; sin darte cuenta de que ¡tienes la suficiencia para hacer algo nuevo o de intentar algo más! En retrospectiva, cada uno de nosotros podemos mirar atrás y detectar nuestros puntos ciegos. Al ver nuestra vida y las decisiones que hemos tomado, nos damos cuenta de lo que nos hemos perdido. ¿Cómo es que no lo vimos en ese momento?

El Salmo 16:11 nos dice: *"Me has dado a conocer la senda de la vida; me llenarás de alegría en tu presencia, y de dicha eterna a tu derecha."*

Antes del verbo "me mostrarás" viene implícita la palabra "TÚ". "TÚ ME MOSTRARÁS…" Estas tres palabras son claves para descubrir quién eres, para descubrir quién planeó Dios que fueras. La palabra "TÚ" se refiere a Dios, nuestro Padre Celestial, nuestro Creador, y es una promesa que Él nos hace. Él nos asegura: "YO TE MOSTRARÉ la senda de la vida". ¿Sabes cuáles son las primeras palabras que deberían salir de nuestros corazones cuando nos despertamos en la mañana? Palabras que empiezan con Él – "Dios, Padre, enséñame el camino. Mi día comienza contigo. Mi corazón hoy te canta. Dame gozo, a pesar de las dificultades que estoy enfrentando. Dame esperanza, aunque parezca que no la hay. Haz que mi camino sea Tu camino. Que mis palabras sean las Tuyas. Que mi plan sea Tu plan. Que mis citas sean Tus citas. Ayúdame hoy a ser UNO contigo."

Lo más sorprendente de la misericordia de Dios es que Él nos creó sabiendo que le íbamos a fallar. Como Él está por encima del tiempo –Él siempre ha sido y siempre será- Él sabe qué decisiones tomaremos aún antes de tomarlas. Él sabía que Adán y Eva pecarían contra Él; aún así, pasó tiempo con ellos, caminando en el jardín, amándolos.

Génesis 3:8-10 nos dice: *"… el hombre y su esposa oyeron al Señor Dios …"*. ¿Te imaginas el maravilloso regalo que tenían Adán y Eva de que Dios les llamara por nombre? "¡Adán! ¡Eva!" Me lo imagino como la voz inconfundible de mi madre llamándome. Podía oírla desde la calle, ¡y puedes estar seguro de que iba corriendo cuando me llamaba! Adán y Eva tenían esta relación sin precedentes en la que caminaban con Dios en el jardín y platicaban con Él. "Así que se escondieron del Señor Dios entre los árboles" Dios llamó al hombre:

-¿Dónde estás?"

Una parte importante de la historia es que… Dios sabía exactamente dónde estaban Adán y Eva cuando los llamó. Él sabía lo que había hecho la serpiente; Él sabía lo que había dicho Eva; Él sabía que Adán había estado de acuerdo con todo eso y, aún antes de crear a Adán y a Eva, Dios sabía que todo esto iba a ocurrir. La parte hermosa es que de todas maneras Él los creó.

De la misma manera, Dios conoce cada error y cada tropiezo que tendremos y aún así nos llama, nos usa y se niega a renunciar a nosotros. Con todos nuestros errores, Él sabe en Su conocimiento que nos creó con suficiencia para que Él todavía obtenga la gloria a través de nuestras historias. A pesar de lo que decimos que somos, de lo que la sociedad nos dice que somos, de las palabras en nuestra mente que nos recuerdan lo que somos, Él aún puede usarnos para Su gloria.

Si tú eres madre con más de un hijo, piensa en la decisión o en la dirección Divina que te llevó a tener un segundo hijo o más. Con todo el dolor y la incomodidad que sabías que incluía este proceso, seguiste adelante con la experiencia del parto. Es por ese amor que supera el dolor que decidimos tener al bebé número 2, 3, o algunas hasta 4 y más.

Dios quería tener una relación con nosotros a pesar de que sabía lo que haríamos. Él sabía que pondríamos de cabeza Su plan perfecto. A pesar de las deficiencias de

Adán y Eva, Dios los creó y los llevó a tener una relación con Él que culminaría en el sufrimiento y la muerte de Su Hijo Jesucristo en la Cruz para salvarnos. Sin importar si estás cumpliendo o no el llamado de Dios para tu vida, Dios te ama sin condiciones. Puedes haberle fallado 100,000 veces en el pasado y que aun te falten otras 100,000 veces más, Él sigue queriendo que cumplas el propósito que planeó para ti. Él cree en ti. Tú eres la niña de sus ojos. Te creó para hacer buenas obras. Sabe de lo que eres capaz. No escucha las mentiras que te dices a ti mismo. Tú eres Su pequeño amor.

Me acuerdo cuando iba a la secundaria Tigrett. En mi primer año, llegó una chica de tercero al final de un rally y me dijo: "¡Te crees muy linda!" Después me dio una patada en la espinilla y se fue. Me quedé tan sorprendida, que no le respondí nada. Ahora que pienso en ese momento, me doy cuenta de que ya sea que pienses que eres linda o no, deberías saber que ¡DIOS SÍ LO PIENSA! Tú eres la obra de Sus manos, Su obra de arte, Su posesión valiosa y una creación sin igual. ¡Nadie tiene tus huellas de los pies, ni las de tus dedos, ni la forma de tus orejas, ni la tesitura de tu voz, ni tus dones ni tu llamado! ¿No sería muy bueno que en la mañana abrieras tus ojos y vieras lo que Dios pensó para tu vida y para ese día en especial? ¿Qué es lo que se interpone en tu camino para que hagas lo que Dios quiere para tu vida? Tal vez hoy te preguntas si estás viviendo la vida que Dios escogió para ti. ¿Cómo podemos saberlo?

Juan 1:1-5 proclama: *"En el principio existía el Verbo, y el Verbo estaba con Dios, y el Verbo era Dios. Él estaba en el principio con Dios. Todas las cosas fueron hechas por medio de Él, y sin Él nada de lo que ha sido hecho, fue hecho. En Él estaba la vida, y la vida era la luz de los hombres. Y la luz brilla en las tinieblas, y las tinieblas no la comprendieron.*" (versión La Biblia de las Américas, LBLA).

No quiero vivir lo que dicen las últimas palabras de esta escritura, … "y las tinieblas no la comprendieron." No quiero ir navegando a la deriva perdiéndome lo que Dios tiene para mí porque no puedo comprenderlo. Las decisiones que tomamos, las reacciones que nos hacen actuar de una manera u otra, los roles que jugamos en nuestra vida diaria son parte de vivir vidas centradas en el propósito de Dios. Debido a esto, hay ciertas acciones que nos impiden tener la vida que Dios quiere para nosotros. ¿No ha sido suficiente ya vivir de conjeturas? ¿No has tenido suficiente de la apatía, la falta de pasión, el estancamiento de los actos cotidianos, siempre sin saber quién eres? ¿No has tenido suficiente de las máscaras, los roles, las falsas impresiones y de la persona no identificable que está dentro de ti? Es momento de ponerle un alto a ese sentimiento de "Ya fue suficiente" y despertar con el sentimiento de la suficiencia de Jesucristo.

Cuando "hayas tenido suficiente" de no sentirte suficiente, observarás que siempre has *"TENIDO LO SUFICIENTE"* para ser todo lo que Dios diseñó que fueras. Como dicen en la famosa película *El mago de Oz* y la adaptación *El mago*, todo el tiempo has tenido tú el poder. ¡Ya FUE SUFICIENTE!

Echa un vistazo a tu propia vida. ¿Qué es lo que te está impidiendo vivir esa vida de *SUFICIENCIA*?

1. **¿Estoy viviendo una vida con un ciclo de pecado auto-saboteador?**

   Barrer o esconder tus luchas debajo del tapete puede funcionar por algún tiempo con la gente a tu alrededor, pero no funciona con Dios. ¿Recuerdas cuando Dios paseaba en el jardín después de que Adán y Eva comieron del fruto del árbol? Dios sabía perfectamente dónde estaban. Sabía muy bien lo que habían hecho y cuáles serían las consecuencias de sus hechos para el mundo. Con todo, increíblemente, Dios los amó. No puedes cumplir TODO lo que Dios quiso y pensó para tu vida si estás viviendo intencionalmente una vida de desobediencia a Dios. Dios no puede hacer todo lo que quiere hacer en tu vida hasta que lo reconozcas y empieces a obedecer. Si te sientes cómodo viviendo tu vida en círculos, te estás perdiendo del plan de vida abundante que Dios tiene para ti.

2. **¿Me siento estancado, paralizado o incapaz de lograr algo?**

¿Te encuentras arando día tras día detrás de dos bueyes? El polvo nunca se termina. La inutilidad de tu trabajo te trae una actitud de frustración. Cada día te preguntas cómo salir adelante hasta tu próxima paga. Ya ni recuerdas los sueños que tenías para tu vida. Están tan lejos que no puedes ni evocarlos ni razonar por qué alguna vez los imaginaste. El deseo de tu corazón de hacer o ser alguien diferente se agolpa en tu pecho queriendo ser descubierto, queriendo ser revelado. Si te sientes así, tal vez te estás perdiendo del plan de vida abundante que Dios tiene para ti.

3. **¿Estoy yendo de prisa a ningún lugar?**

Estás viviendo un estilo de vida sin objetivo, sin rumbo, sin dirección. Tu definición de meta es cuando anotas un gol en futbol o en hockey. Avanzar es algo que sólo ves que hacen los demás. Los sueños que alguna vez tuviste se han extinguido. La vida ha perdido su encanto. Simplemente estás haciendo tiempo. Las palabras se repiten en tu cabeza. Las voces hablan contra ti. La persona que creías que podías ser es alguien a quien ya no reconoces. Has creído las mentiras del enemigo. No sólo no puedes recordar lo que deseabas ser, sino que ya no sabes cómo desear ser nada más que lo que se te ha dicho que seas. Si te sientes así, tal vez te estás perdiendo del plan de vida abundante que Dios tiene para ti.

4. **¿Estoy ocupado y lleno de actividades?**

   Tu calendario está repleto de reuniones, de voluntariado, de eventos sociales, de trabajo. Mientras que otros creen que tienes una vida plena, te sientes decepcionado. Nada parece encajar. Pasan los minutos y te quedas pensando si esto es todo lo que habrá en tu vida. Eres incapaz de decir "no" a nada porque eso podría ser lo que te dé lo que has buscado en todas tus actividades. Quieres complacer a la gente en vez de agradar a Dios. La frustración crece a medida que tu vaso se desborda. Haces muchas cosas con el mínimo esfuerzo. Tu vida consiste en apagar un fuego tras otro, sin voltear a ver los daños que el fuego dejó. Si te sientes así, tal vez te estás perdiendo del plan de vida abundante que Dios tiene para ti

5. **¿Soy una persona que perdió su pasión, que dejó de soñar y que no puede ver el futuro?**

   Nadie quiere admitir que no tiene pasión por nada, o que ha dejado de ver el futuro con esperanza y emoción. Hay momentos en nuestra vida en las que nos sentimos atrapados en una rutina vacía en lugar de vivir en suficiencia. La vida es un proceso diario. Hay veces que nos encontramos en un estado de estancamiento. Un matrimonio anquilosado. Una paternidad anticuada. Un trabajo donde nos sentimos hastiados. El moho empieza a crecer en las paredes de nuestro corazón. Nos sentimos atrapados e indecisos. Algunos de nosotros iniciamos e interrumpimos una cosa tras otra porque intentamos llenar ese juego de tira y afloja que hay dentro de nosotros. Todos los libros de autoayuda dicen a los lectores que se fijen metas, que establezcan un plan, que lo revisen. Existe este sentimiento abrumador al saber que no se trata de fijarnos una meta ni de ir tras ella, sino de hacer que la meta sea la voluntad perfecta de Dios para nuestra vida.

En la Biblia, no sé si Eliseo tenía un objetivo específico en la mente. Sin embargo, me imagino que no salía corriendo todos los días al trabajo gritando: "¡Estoy ansioso por arar con esos bueyes hoy! ¡Yujuuu!" ¿Podría haber algo menos gratificante que caminar detrás de dos bueyes todo el día? Tal vez, mientras trabajaba, soñaba con el momento en el que empezaría a vivir el propósito de Dios para su vida. No hubo ninguna duda cuando Elías puso su manto sobre él. La única manera en la que Eliseo sintió la confianza de dejar su trabajo, quemar su arado, decirle adiós a su familia y seguir a Elías fue porque sabía que, a pesar de su trabajo agotador, había sido creado para hacer algo diferente, sólo que no sabía qué.

Muchos de ustedes conocerán la historia de David, el que mató al gigante Goliat. Probablemente sea la historia bíblica más popular. David, el más joven de los doce hijos de Isaí, guardaba y cuidaba las ovejas de su padre. Durante ese tiempo, la nación de Israel estaba en guerra contra el ejército filisteo, y los hermanos de David habían ido a pelear a la guerra. Entre los filisteos estaba el gigante llamado Goliat. La Biblia nos dice que Goliat medía casi tres metros. Todos los días se paraba al frente del ejército filisteo, provocando a los israelitas, burlándose de Dios y retándolos a pelear contra él. Esto sucedió durante cuarenta días. Y duró tanto tiempo porque no había nadie en el ejército israelita dispuesto a enfrentarlo. Todos estaban muertos de miedo, temblando y sin hacer nada para detener su ira.

Tal vez las hayas escuchado antes, las burlas de Goliat, aquel que te ve a los ojos desde el espejo cada mañana y te grita: "¿Crees que puedes hacer eso? ¡Me gustaría verlo! ¿Quién te crees que eres?" Los Goliats en nuestra mente siempre terminan con esa risa burlona que sella el trato en nuestro corazón: No podemos hacerlo, nunca podremos hacerlo.

Isaí, el padre de David, envió a su hijo menor a traer noticias de sus hermanos que estaban en el frente de batalla. Y aquí es donde me pregunto: ¿quién haría eso? Enviar a tu hijo menor a una zona de guerra- pero todo era parte del plan, el plan de Dios. David escuchó a Goliat gritando a los israelitas, maldiciendo a Dios, negando Su gran poder. Todo seguido de una risa profunda, gutural e inquietante… Y es allí donde David se ofreció para pelear contra el gigante. Antes de llegar a este momento que cambiaría su vida, David era un joven pastor. Él atendía los rebaños de ovejas de su padre. Los pastores estaban todo el tiempo con sus ovejas. Estoy segura de que hubieron muchas horas, minutos y segundos del día solamente sentado y mirando… sentado y mirando… sentado y mirando. ¿Te suena familiar? Piensa en Eliseo arando día tras día detrás de los bueyes, arando, arando y arando. La Biblia dice que mientras cuidaba a las ovejas, David mató a un oso y a un león. Puedo imaginar que David practicaba mucho con su honda. Puedo verlo simplemente. Detectaba un pequeño animal –y ¡BAM! Un conejo saltando cerca de un arbusto en el campo – y ¡BAM! Blanco tras blanco- ¡BAM! ¡BAM! ¡BAM! Incluso su recreación era parte de su RE-CREACIÓN de lo que Dios le llamaría a hacer.

> *"David le respondió: —A mí me toca cuidar el rebaño de mi padre. Cuando un león o un oso viene y se lleva una oveja del rebaño, yo lo persigo y lo golpeo hasta que suelta la presa. Y, si el animal me ataca, lo agarro por la melena y lo sigo golpeando hasta matarlo. Si este siervo de Su Majestad ha matado leones y osos, lo mismo puede hacer con ese filisteo pagano, porque está desafiando al ejército del Dios viviente."*
> 1 Samuel 17:34-36

Aunque su trabajo parecía rutinario, trivial y sin importancia, David permaneció conectado a su amoroso Dios. Cuando llegó el tiempo de cumplir su propósito, estaba listo para hacerlo. Saúl quiso dar su armadura a David para que la usara, pero era muy grande y pesada. David apenas podía moverse, ¡mucho menos podría pelear contra un gigante! A veces la gente tratará de decirnos cómo hacer lo que Dios nos pidió. Dios no los necesita. Reconócelo: cuando haces lo que Dios planeó que hicieras, Él te equipa con todo lo que necesitas. David tomó unas piedras lisas de un río cercano, colocó una en su honda y ¡BAM! ¡ELIMINÓ AL GIGANTE! Sin él saberlo, su trabajo de pastor era de hecho su preparación.

Continuamente estamos siendo preparados para el momento en el que Dios ponga el manto sobre nosotros o use la piedra para derrotar al gigante. Para Eliseo, la preparación era construir una relación con Dios, permanecer en obediencia a Su Palabra, escuchar el momento en el que sería llamado. Para David, la preparación era practicar sus habilidades, hacer el mejor trabajo posible hasta que fuera llamado para hacer la obra que Dios había preparado para él. ¿Qué puedes hacer para sacar a la superficie la persona que realmente eres a los ojos de Dios?

1. Pasa tiempo en oración

Parece obvio, pero ¿cuántos de nosotros estamos demasiado ocupados como para realmente hacerlo? Santiago 1:5 nos dice: "Si a alguno de ustedes le falta sabiduría, pídasela a Dios, y él se la dará, pues Dios da a todos generosamente sin menospreciar a nadie."

El camino más sencillo para saber para qué fuimos creados no se encuentra en una revista, ni en internet, ni en la cultura, ni en la sociedad, ni en las familias disfuncionales. Se encuentra del modo más simple. Le preguntamos a Dios y luego esperamos su respuesta. Cuando tenemos comunión con Dios en oración, desarrollamos una profunda relación con Él, la cual nadie más puede tener. Es nuestra. Con frecuencia mi esposo dice que Dios nos habla a través de pensamientos, ideas y situaciones, pero principalmente a través de Su Palabra.

Viví en Chicago la mitad de mi vida. Los inviernos pueden ser un poco duros, por decirlo de alguna manera –sobre todo para alguien que creció en el Sur. En el Sur, cuando existe la remota posibilidad de que nieve, todo mundo corre a la tienda a comprar provisiones y de repente se improvisa un día sin clases. Los autos tienen el tanque lleno de gasolina. Las linternas, las baterías, las velas y el agua embotellada se convierten en productos básicos valiosos- todo por una ráfaga de copos de nieve que TAL VEZ dure un día o dos.

Pero en Chicago, los inviernos son duros; aún así, la gente se apresura de un lado a otro como si fuera un día cualquiera. Un invierno en Chicago, tuvimos una nevada de esas que te dejan completamente helado – ese tipo de frío con el que nadie puede hacer absolutamente nada- y además de eso, se nos fue la luz muy temprano en la mañana. Escuché que mi hija me gritaba: "¡Mamá! ¡Estoy asustada! ¡Mamá!" La oscuridad me abrumaba. No podía ni siquiera ver mi mano frente a mí. Conocía el camino al otro cuarto. Había hecho el recorrido mil veces antes, así que con calma la llamé por su nombre y le dije: "¡Aquí estoy, mi amor! ¡Ahora voy!"

Conocía su voz y ella conocía la mía. Cuando me escuchó, dejó de llorar. ¿Por qué? Porque teníamos una relación. Una relación en la que nos escuchábamos y nos hablábamos una a la otra. Una en la que no teníamos que vernos para saber quiénes éramos. ¿Lo ves? Mi hija no escuchó la voz de un extraño –escuchó mi voz – conocía mi voz – confiaba en mi voz. Mi hija había escuchado mi voz día tras día tras día. Me reconoció inmediatamente. Lo mismo pasa con Dios. Conocemos Su voz cuando pasamos tiempo con Él día tras día tras día.

2. **Conoce Su palabra.**

Experimentar la Palabra de Dios saliendo de las páginas de un libro para convertirse en una experiencia personal que se aplique a tu vida, no se puede comparar con sólo oír la explicación de alguien más de Su Palabra. La verdad es que, a veces, queremos que alguien más nos diga lo que necesitamos saber en vez de descubrirlo nosotros mismos o recibir una revelación propia de la Palabra. Debo admitirlo: no me gusta leer instrucciones. Veo el dibujo y luego sólo quiero que alguien me enseñe cómo funciona para hacerlo- sea lo que sea. Hace poco apareció un mensaje en el tablero de mi auto que decía que la llave del control del coche tenía poca batería, que se requería servicio. Pensé que yo misma podía repararlo. Pasé por la concesionaria y fui a la sección de baterías y empecé a tratar de arreglarlo. Ignoré el manual escrito por el fabricante. Bueno, siguiendo el proceso de eliminación de las baterías que no encajaban en la llave, por fin conseguí la batería que necesitaba -después de romperla un poco en el proceso. Con la Palabra de Dios, no querrás aprender a través de este mismo proceso ni tener que pasar por momentos de quebrantamiento innecesarios. Dios escribió Su historia para ti. El manual está a la mano, encuentras al vendedor en persona. Su mensaje es muy claro y específico para ti. Nadie puede decirte TODO lo que Dios quiere decirte, porque nadie conoce el mensaje que Él tiene para ti y para tu vida.

Saca tu manual (la Biblia) y empieza a leer Su palabra. Yo siempre insisto en la importancia de tener una Biblia en una versión y traducción que personalmente entiendas. Invierte en una buena Biblia y aparta tiempo para sumergirte en ella. No hay nada más importante que tengas que hacer. Aprende lo que Él dice. Aprende Sus promesas. Aprende a amar quien Él es.

3. Desarrolla tus dones - Usa tus pasiones.

¿En qué eres realmente bueno sin hacer casi ningún esfuerzo? Tengo una amiga que puede entrar en una habitación - sus ojos se mueven de un lado a otro- su mente comienza a hacer clic – empieza a mover los muebles, organizar y limpiar. Puede convertir el caos y el total desorden en orden y estructura. Me encanta lo que puede hacer. Es tan fácil para ella. Le hemos dicho que debe crear su propia empresa- así de buena es.

Tengo otra amiga que puede leer, comprender y elaborar soluciones más rápido que nadie que conozca. Si existe un cerebro tipo computadora, ella lo tiene. A menudo me refiero a ella de manera muy acertada como una genio. No solo es profesora, sino que después de ejercer Derecho en otros despachos, ahora tiene su propio bufete de abogados con múltiples ubicaciones.

Otra amiga mía puede planear y orquestar los detalles de un evento mientras duerme. Es el tipo de persona que solo ve el flujo del tiempo y la función. Casi puedo oír su mente moverse, trabajar, convertirse en una máquina funcional mientras repasa la estructura de cómo deberá desarrollarse el evento final. Empezó su propia compañía de organización de eventos y en el proceso, escribió un manual sobre cómo hacerlo.

Cuando vivía en el sur, conocí a una mujer que llegó a Estados Unidos de otro país. Como era indocumentada, le era difícil trabajar y ganarse la vida para ella y sus tres hijos. Al parecer, su abuela era una cocinera increíble y le enseñó a cocinar platos auténticos. Iba por las construcciones, ofreciendo comida a los trabajadores. En poco tiempo, estaba recibiendo pedidos para cada día de la semana. Después de unos meses, contrató a otra mujer para que la ayudara. Su negocio prosperó. Lo hermoso de esta historia es que ella amaba al Señor. En cada almuerzo ponía una nota con algún versículo de ánimo en su lengua natal. No solo compartía su pasión, sino también su testimonio. No importa cuán pequeño parezca un acto, puede tener un gran impacto.

¿Cuáles son tus pasiones? ¿Tus fortalezas? ¿Tus dones? ¿Cómo puedes aprovecharlos para ser la persona que Dios planeó que fueras? Tu sí podría estar conectado a las bendiciones de los demás. Lo que se supone que debes hacer no sólo podría bendecirte a ti, sino que podría emplear, inspirar y comprometer a otros en su propia jornada personal. Es tiempo de entrar a Su maravillosa luz y proclamar las bondades que Aquel que te llamó.

Fue Suficiente: Tomémoslo Personal

¿Alguna vez en un restaurante has ordenado algo que pensabas que querías hasta que lo probaste? Inmediatamente después de probarlo, pensaste: "Mmmm, le falta algo." No puedes decir exactamente qué. El plato que pediste se veía mejor de lo que sabía. Algunas de nuestras vidas son así. Deseamos, queremos, oramos y pedimos ciertas cosas; sin embargo, cuando probamos la realidad de lo que creíamos que queríamos, podemos sentir que falta algo. El próximo paso debe darse con urgencia. Debemos dejar de participar y decir: "Ordené o pedí algo equivocado". Debes anunciar: YA FUE SUFICIENTE. Si no tomamos urgentemente esta decisión, seguiremos mordisqueando algo que no sólo nos devolverá el mordisco, sino que nos devorará. ¿El enemigo es como un león rugiente buscando a quién mordisquear? No. ¿Buscando a quién entretener? No. ¿Buscando a quién hacerle cosquillas? No. ¡Buscando a quién devorar! Quedarte ahí devorará a tu verdadero yo. Conformarte con lo que está justo enfrente de ti en lugar de esforzarte por alcanzar lo que está por delante, te llevará a una vida de escasez en vez de la vida abundante a la que Dios te ha llamado. Recuerdo estar cerca del final de mi trayecto universitario, cuando me ofrecieron un trabajo en la radio que estaba justo frente a mí. No había nada de malo con el trabajo de la radio o con la estación, sólo podía sentir que ese puesto era comoQ "asentarme". Había algo más que debía hacer que no estaba exactamente en mi mano, pero estaba a mi alcance. Había probado lo ordinario en trabajos de verano y prácticas en varios lugares, y podía distinguir que "algo" faltaba. No sabía todo lo que vendría después, pero sabía que ahí donde estaba, no era TODO lo que debía hacer en esa temporada. Mientras trabajaba en la estación de radio en la Universidad, no sabía que la reubicación, las graduaciones de posgrado y el ministerio de tiempo completo incluirían la misma música que estaba tocando en el trabajo, y todo estaba justo delante de mí. Pero Dios lo hizo. Deja que Él ordene por ti. El ordenará tus pensamientos, tus pasos y tus pausas.

El Salmo 34:8 dice: "*Prueben y vean que el Señor es bueno.*" *¡Prueben y vean! Lo que Dios tiene para ti no te dejará anhelando algo más, te dejará sintiendo tu suficiencia en Él a medida que experimentas y dependes de Su enorme suficiencia en cada área de tu vida*".

Decide y declara conmigo: YA FUE SUFICIENTE de lo ordinario porque sé que TENGO SUFICIENTE con lo extraordinario de Dios en mí para expresar mi *SUFICIENCIA*.

¿En Qué Áreas De Tu Vida Sientes Que… Mmm… Algo Falta?

Ejemplos:

Vida de oración

Relación con mis hermanos/ amigos

Haz una lista aquí abajo mientras oras y reflexionas:

Ya Es Suficiente

La Línea En La Arena Que Pone Fin A Tu

> *"A pesar de todo, Señor, tú eres nuestro Padre; nosotros somos el barro, y tú el alfarero. Todos somos obra de tu mano."*
> Isaías 64:8

Así que es hora… Es hora de trazar nuestra línea en la arena. Siempre hay momentos en la vida –momentos buenos o malos- que nos definen, que nos hacen ser quienes somos. Si tomas un segundo, estoy segura de que vendrán a tu mente eventos determinantes, palabras fundamentales o éxitos o fracasos que podrás decir sin una sombra de duda que te cambiaron, te impactaron, te lastimaron o te animaron. Y estoy segura de que puedes recordar más de uno detalle a detalle. La mayoría de estos eventos no están marcados por una fecha u hora específicas. Están vestidos de dificultades, decisiones difíciles o batallas de la vida, algunas de las cuales hemos provocado nosotros mismos y otras que nos han elegido. Aparecen en fotografías o en viejas películas caseras, y los sonidos y olores de aquel día son tan memorables como el día en que todo sucedió.

Estos eventos crean filtros a través de los cuales vemos a la gente, al mundo y quiénes somos. Nuestras reacciones provienen de actitudes que podemos o no percibir, y que nos alientan o desaniman a hacer una cosa u otra. Ya sea que los llamemos equipaje, anclas, altibajos de la vida o sucesos, todos los tenemos escondidos en lugares a los que podemos acceder o no. Consciente o inconscientemente, estos eventos de la vida nos muestran el significado de quiénes somos. Hoy, este mismo momento, es uno de esos eventos que marcarán tu vida: el día en que trazaste una línea en la arena. El día en que te verás a ti mismo con la *SUFICIENCIA* de Jesucristo.

Siempre quise tener testimonios de situaciones de las que Dios me libró, en comparación con aquello de lo que Dios me guardó cuando pasé por ellas. Sin embargo, Dios siempre mantuvo Su plan más allá del mío. Hubo varios episodios en mi vida en los que Dios me guardó. Estos momentos no sólo me definieron, sino que me refinaron.

Todos tenemos relaciones aquí en la Tierra que se redefinen cuando se presenta alguna situación. Este caminar con Dios redefine la relación y nos acerca más a Él como nuestro Guardador, Autor y Consumador de nuestra fe.

Uno de esos momentos de refinamiento y redefinición ocurrió durante la semana de mi graduación de preparatoria. Después de lo que sentí que era una vida en la que todos me aclamaban y celebraban mi *suficiencia*, algunas de las narrativas empezaron a cambiar. Fracasé en el examen de Lengua Avanzada de Inglés, que necesitaba aprobar para graduarme con mi clase. Me sentí devastada y avergonzada. Al principio, parecía que todo me salía bien. Eso no significaba que todo fuera fácil, pero nunca me había enfrentado a algo así. Como capitana del equipo de porristas y una de las líderes del Consejo estudiantil de mi clase, no concebía el hecho de no poder graduarme con mis compañeros y amigos. Y para colmo de males, ¡tenía que cantar un solo con el coro ese día en la graduación! Intenta explicar eso. Había sido aceptada en las Universidades a las que había aplicado y había ganado varios concursos para obtener becas, pero aún así, no era SUFICIENTE para graduarme de la preparatoria con mi clase. En lo único que podía pensar era en lo que me estaba perdiendo. La graduación iba a ser muy divertida. Habíamos practicado y nos habíamos formado por apellidos. Mi mejor amiga y yo estábamos una al lado de la otra.

Para algunos, esto podría parecer cualquier cosa, pero en mi mente de 17 años, esto era algo devastador- devastador en diferentes maneras. Para empezar, nunca antes había habido algo que sacudiera mi mundo así. Ahora, no estoy diciendo de ningún modo que sea perfecta, pero como lo dije antes, mi madre era fuerte como una roca. Nuestra unidad familiar se mantuvo firme. Solo puedo desear que otros puedan tener lo que yo tuve en mi madre, mi abuela, mi tía y mis tíos. Lo que pudo haberme faltado por no tener en casa a mi padre, fue compensado por el apoyo de otros en mi familia. Obtuve grandes beneficios por la forma en que fui criada. Pero como en toda buena historia, un poco de lluvia no sólo debe caer, sino que caerá.

Hice mi examen de Lengua Avanzada de Inglés en la preparatoria. No lo pasé. Tal vez estaba a un paso en un futuro que no había empezado todavía porque necesitaba terminar el pasado antes de entrar en él. Tal vez fue porque en ese periodo de clases hubo muchas reuniones de actividades y me perdí la información que se suponía que tenía que estar aprendiendo. Tal vez fueron todas esas actividades extracurriculares que escogí en lugar de concentrarme en esa materia, pero el caso es que nunca había fallado de esa manera. Quizá fui la típica adolescente con esa actitud de "¡No quiero hacer nada!" No sé, pero les aseguro que si tuviera una máquina del tiempo, regresaría ¡y me las arreglaría para pasar ese examen! De cualquier modo, el hecho de no pasar ese examen me preparó para los siguientes exámenes que tendría que pasar.

Durante este proceso, meses antes de dejar mi ciudad natal para ir a la Universidad, empecé a escuchar declaraciones que me decían que "no era suficiente" de una manera que no había escuchado antes. Declaraciones como: "Nunca fue inteligente", "Ella era esto, nunca fue lo otro". Ya sabes cómo es la gente, y probablemente has experimentado lo mismo. Lo que me tumbó en esa época no fue lo que los chicos de mi edad decían, sino la negatividad de los adultos que me dejó en shock. Incluso en lo que percibí como un tiempo de fracaso, mi familia estaba ahí, apoyándome. Mi madre, su mejor amiga y la tía Liz, me hicieron una fiesta de graduación en la cocina justo después de terminar la escuela de verano. Los otros miembros de mi familia que vendrían a mi fiesta de graduación habían cancelado sus viajes ya que no me graduaría con mi clase.

Aunque estaba avergonzada, me sentía apoyada y amada. Mi tía, que entonces era la superintendente de otra escuela, me ofreció quedarme con ella ese verano para completar mis requisitos en su distrito. Un cambio de escenario siempre es estimulante y la oportunidad de pasar tiempo con mis tíos y mis primos sonaba divertido. Pero en este caso, sabía que no podía ir. Debía terminar lo que había fallado.

enoughness

Durante esa temporada, empecé a vivir la experiencia de escuchar voces opuestas que competían entre sí: los detractores, que me exponían todos los aspectos en los que no era suficiente, y el equipo de apoyo, que me hacía sentir más que suficiente. Tal oposición puede ser confusa y las voces que compiten en nuestra mente pueden hacer que uno se pregunte cuáles son verdad y cuáles son mentira. Y en el verano, mientras los demás festejaban y celebraban su graduación, yo estudiaba un curso que ya había tenido, sin ninguno de mis amigos de clase. Aunque estaba devastada, veía la mano de Dios en mi vida - aún en ese tiempo.

Dios está más preocupado por nuestro carácter que por nuestra comodidad. Él permite ciertas situaciones para que nos demos cuenta de algunas cosas, sobre todo, de que Lo necesitamos. Tal vez también la vida había sido demasiado fácil para mí hasta ese momento, y todos sabemos que la vida real no es fácil. La humildad es una maestra extraordinaria y ese verano recibí una buena dosis de ella. Muchas veces la humildad es producto de una humillación no deseada. Fue humillante pasar ese verano en la escuela con un grupo que yo normalmente hubiera clasificado y catalogado como los chicos malos- ¡hasta que fui parte de ese grupo.

Cuando nos equivocamos y nos salimos del camino que Dios ha elegido para nosotros; cuando nuestras aptitudes en navegación nos hacen perdernos en una tormenta; cuando nos encontramos con que nos está faltando lo que sabemos que tenemos la habilidad de hacer, necesitamos una *línea en la arena*. Y no cualquier línea. Una línea que diga "No lo haré más. No lo diré más. No lo seré más. Cambiaré de dirección y el nivel de esfuerzo que estoy haciendo."

Pedro era uno de los discípulos de Jesús y es mi discípulo favorito en hacer eso. Dios usó sus pasos y sus tropiezos para Su gloria. Pedro es el perfecto rebelde imperfecto lleno de fe. Era hijo de Jonás y su oficio era pescador. De hecho, cuando Jesús lo llamó a servirle como Su discípulo, Pedro estaba pescando. Era conocido como Simón Pedro, cuya traducción en griego era "piedra". Se sabía que Pedro era un hombre casado que vivía en Capernaum.

Tenía una pasión como ningún otro de los discípulos. Rebosante de entusiasmo, muchas veces reaccionaba antes de que su cerebro tuviera el tiempo de completar un pensamiento. ¿Alguno de ustedes es así o conoce a alguien que reaccione sin dudar un momento? Lleno de celo y audacia, Pedro parecía tener más energía y creatividad de lo que podía controlar. La Biblia nos cuenta que en dos ocasiones diferentes Pedro saltó al agua completamente vestido. Una de esas veces fue durante una tormenta para caminar hacia Jesús. La otra ocasión estaba a menos de 100 metros de la orilla. Me hace reír pensar en Pedro corriendo en el agua mientras que los discípulos se mantenían secos en el bote y remando, lo dejaban atrás.

Se había acostumbrado a retar y cuestionar a Jesús. Pedro el que decía todo lo que los demás estaban pensando pero que no tenían el valor de decir.

"Jesús, ¿cuántas veces tenemos que perdonar a alguien?"

"¿Hay recompensas por seguir a Jesús?"

Él fue el primero en declarar que Jesús era el hijo del Dios viviente; aún así, negó a Jesús tres veces antes de ser arrestado.

Pedro me recuerda a una de esas locas pelotas de goma que rebotan, esas que son tan difíciles de atrapar. ¡Ya saben cuáles! Todos conocemos a algún tipo de "Pedro" o hemos sido tipo "Pedro" en alguna situación. Las respuestas rápidas eran sinónimo de Pedro. Le encantaba cuestionar y le encantaba contestar. Creaba problemas, pero ofrecía soluciones. Era rápido para responder, pero igual de rápido para retar.

Pedro quería opciones, pero también quería decisiones. La mayor parte del tiempo Pedro estaba desatado, era abierto, actuaba sin ninguna restricción. Y después trazó *la línea en la arena*.

La primera vez que Pedro empezó a trazar su línea en la arena fue cuando saltó al agua en pos de Jesús. Esta historia aparece en tres de los cuatro evangelios. No obstante, en sólo uno de los relatos vemos que Pedro salió de la barca. Ese día, temprano en la mañana, los discípulos habían visto cómo Jesús había alimentado a 5,000 personas con cinco panes y dos peces. Jesús mandó a sus discípulos que se adelantaran y subió a la montaña a orar. Los discípulos se encontraron con una feroz tormenta con la que batallaron la mayor parte de la noche. Aún más aterrador que la tormenta, era lo que creían que era un fantasma caminando en el agua. En Mateo leemos lo que Pedro le dice a ese fantasma.

Mateo 14:28-33 *"Señor, si eres tú –respondió Pedro- mándame que vaya a ti sobre el agua. –Ven, dijo Jesús. Pedro bajó de la barca y caminó sobre el agua en dirección a Jesús. Pero, al sentir el viento fuerte, tuvo miedo y comenzó a hundirse. Entonces gritó: -¡Señor, sálvame! En seguida Jesús le tendió la mano y, sujetándolo, lo reprendió: -¡Hombre de poca fe! ¿Por qué dudaste? Cuando subieron a la barca, se calmó el viento. Y los que estaban en la barca lo adoraron diciendo: -Verdaderamente tú eres el Hijo de Dios."*

"Pedro bajó de la barca…" Pedro dio ese primer paso –el paso donde entra la fe. La fe puede ser confusa porque hay cosas en las que podemos tener fe y no se cumplen. Mira a Pedro.

Se paró en fe, creyendo en el poder sobrenatural de Dios cuando Jesús lo llamó a ir hacia Él en el agua. Lo que hizo habla muchísimo de él porque cuando Jesús lo llamó, Pedro obedeció. Me hubiera gustado más la historia si Pedro hubiera caminado hasta Jesús, o ¿me habría gustado? Lo hermoso de Pedro cuando obedeció es que, cuando Jesús nos llama a hacer algo, puede no siempre salir como pensamos; aun así, sin importar el resultado, Dios está ahí. Ya sea porque el miedo a la tormenta lo haya rebasado o que haya dudado de su habilidad para hacer lo que Jesús le pidió, Pedro quitó su mirada de Jesús y comenzó a hundirse en el agua. Mi palabra favorita de este pasaje es la palabra *en seguida*. "*En seguida Jesús le tendió la mano y, lo sujetó*".

¡Estas palabras nos dan tanta confianza! Nos hablan de que Jesús es nuestra red de protección –siempre presente –siempre disponible –siempre dispuesto a rescatarnos. Aquí también hay un mensaje implícito. A veces Dios puede llamarnos a hacer algo que no sale como pensamos. Cuando vemos de cerca este versículo, vemos que es Pedro quien pide a Jesús ordenarle caminar en el agua hacía Él. No sé por qué Jesús no le dijo: "Soy yo, Pedro, pero necesitas quedarte en la barca". Él pudo haber dicho esto. Todo el asunto de caminar en el agua fue idea de Pedro; sin embargo, Jesús lo llamó a salir de la barca. Y al hacer esto, sabía lo que pasaría. También sabía que salvaría a Pedro de la tormenta. Ahí mismo, Jesús salvó a Pedro de su propia duda.

Lo que sucedió en el agua fue más para desarrollar el carácter de Pedro que para caminar en el agua. ¿Te suena familiar? ¿No hemos tenido todos esas experiencias? Tal vez estás pasando ahora mismo por algo con lo que Dios está tratando tu carácter en vez de darte una respuesta. Lo que buscamos nosotros es comodidad- mientras que Dios está buscando integridad.

La historia sugiere que varios años después de la resurrección de Jesús, Marcos fue discípulo de Pedro. Los eruditos creen que Marcos escribió el libro de Marcos a partir de lo que Pedro le contó acerca de la vida de Cristo. En el relato de la historia según Marcos, no se menciona que Pedro caminara sobre el agua. ¿Por qué omitiría Marcos esa parte? Lo que yo pienso es que Pedro no se la contó. Dejó fuera esa parte de la historia. Lo que en algún momento fue muy significativo para Pedro, falló en mencionárselo a Marcos. Pedro había cambiado. Se había convertido en el evangelista que Jesús necesitaba que fuera y su intento por caminar en el agua ya no era relevante. Sus pensamientos ya no estaban centrados en él mismo, sino en Jesús.

Ahhhh… ¿podría ser entonces que cuando nos revestimos de ese discurso que dice quiénes somos para el mundo –qué tanto no estamos a la altura- qué somos capaces de hacer y qué no- es porque hemos quitado los ojos de Jesús y nos hemos enfocado en nosotros mismos? A medida que desarrollamos nuestro potencial, necesitamos estar seguros de que nuestros ojos están en la persona que Dios sabe que somos, no en la persona que creamos en nuestra mente. Jesús llamó a Pedro a entrar en el agua porque conocía a la persona que había creado en Pedro. Pedro todavía estaba aferrado a la persona que creía ser. Esa es la duda de la que hablaba Jesús. Pedro dudaba ser la persona que Jesús sabía que era.

Me pregunto con qué frecuencia Dios nos susurra al oído: "¡Tú puedes hacerlo!" Todo está en tu ADN ¡No abandones la Verdad de Dios! (en inglés DNA: Do Not Abandon God's Truth!) Me pregunto cuántas veces volteamos la cabeza porque todas las voces a nuestro alrededor –como la tormenta- nos impiden reconocer y escuchar lo que Dios está diciendo. Como Pedro, no nos damos cuenta de que somos suficientes en Cristo para caminar sobre el agua, para entrar a esa Universidad, para perder peso, para empezar una carrera nueva, para adoptar a ese niño, para salir de las deudas, para casarnos, para comprar esa casa, para escribir ese libro, para cantar esa canción, para _____ (llena esta línea).

Para Pedro, la línea final en la arena, la que inició su ministerio, fue tal vez en la playa, cuando vio a Jesús caminando por la orilla. La historia está en Juan 21. Ocurre después de la resurrección de Cristo. Pedro, Tomás, Natanael y otros dos discípulos estaban pescando. Jesús les gritó desde la orilla: "Amigos, ¿no tienen algo de comer?"

Cuando ellos contestaron: "¡No!" Jesús les dijo que echaran la red a la derecha de la barca. La red se llenó de tantos pescados, que no podían subirla a la barca.

> *" Tan pronto como Simón Pedro le oyó decir: 'Es el Señor', se puso la ropa, pues estaba semidesnudo, y se tiró al agua. Los otros discípulos lo siguieron en la barca, arrastrando la red llena de pescados, pues estaban a escasos cien metros de la orilla. Al desembarcar, vieron unas brasas con un pescado encima, y un pan."*
> Juan 2:7-9

Me encanta que Pedro haya saltado al agua. Su corazón estaba lleno de amor por Jesús. No podía acercarse lo suficientemente rápido. Tengo una amiga cuyo hijo decía la cosa más tierna cuando era niño. Se subía en su regazo, ponía sus manos alrededor de su cuello y le susurraba: "¡Más cerca, mami, más cerca!" A veces no podemos acercarnos lo suficiente a los que amamos. Pedro no pudo acercarse lo suficiente, lo suficientemente rápido. Esa es la clase de sed que nos lleva a donde necesitamos estar. Cuando nuestro corazón anhela la Palabra de Dios, desea estar cerca de Él, busca Sus respuestas, estamos preparados para encontrar la SUFI-

CIENCIA que Él tiene para nosotros.

Cuando los discípulos llegaron a la orilla, con su red rebosando de peces, Jesús les pidió que trajeran algunos para cocinarlos en el fuego. Cuando terminaron de comer, Jesús le preguntó a Pedro:

"-Simón, hijo de Juan, ¿me amas más que estos?

Sí, Señor, tú sabes que te quiero- contestó Pedro.

Apacienta mis corderos- le dijo Jesús.

Y volvió a preguntarle:

Simón, hijo de Juan, ¿me amas?

Sí, Señor, tú sabes que te quiero.

Cuida de mis ovejas.

Por tercera vez Jesús le preguntó:

Simón, hijo de Juan, ¿me quieres?

A Pedro le dolió que por tercera vez Jesús le hubiera preguntado: "¿Me quieres?" Así que le dijo:

Señor, tú lo sabes todo; tú sabes que te quiero.

Apacienta mis ovejas – le dijo Jesús."

Ese fue el momento decisivo de Pedro. Fue la línea en la arena de Pedro. Siempre me sombro de lo que Dios puede hacer cuando nos sometemos a Él y caminamos en el propósito que Él diseñó para nosotros. Si Pedro pudo aceptar a la persona para la que fue creado, hay esperanza para ti y para mí. En un tiempo, esto me confundía, me preguntaba por qué Jesús le había preguntado a Pedro tres veces: "¿Me amas?" ¿Estaba reprendiéndolo pasivamente por las tres veces que lo negó la noche que fue arrestado? ¿Estaba abarcando diferentes áreas del amor y diferentes maneras de amar a la gente?

Hay muchas ideas y explicaciones sobre esta conversación entre Pedro y Jesús. Yo pienso que Jesús le estaba dando a Pedro la clave de su identidad en Cristo. ¿Me amas? entonces, APACIENTA MIS OVEJAS. Estaba comisionando a Pedro para ser un pastor. No un simple pastor, sino un pastor del rebaño de Jesús. El mundo en que vivimos es un mundo de poder y de control. La persona que tiene el poder, tiene el control. Pedro trató de conformarse al mundo. Trató de hacer que Jesús se conformara al mundo. Esto lo vemos en muchas de las interacciones de Pedro. El mejor ejemplo fue en el jardín, la noche del arresto de Jesús. O Pedro no entendía que ese era plan, o quería que las cosas salieran a su manera. En Juan 18:10 aprendemos que cuando los soldados vinieron a arrestar a Jesús, "Simón Pedro, que tenía una espada, la sacó e hirió al siervo del sumo sacerdote, cortándole la oreja derecha. (El siervo se llamaba Malco)."

Pedro, un guerrero, un siervo leal, un hombre de acción, estaba listo para la batalla. Él se enfrentaría al mundo por el Reino de Jesucristo. Su interpretación de lo que estaba pasando y la de Jesús, eran diferentes. Pedro no podía ver el cuadro completo y probablemente cuando Jesús lo reprendió y le restauró la oreja a Malco, la confusión de Pedro se salió de control.

Nosotros hacemos lo mismo – saltamos en medio de lo que Dios está haciendo para imponer nuestro propio plan. Después de todo, ¿no sabemos mejor que nadie cómo debería ser nuestra vida? Después de ver a Jesús hacer muchos milagros increíbles, Pedro no tenía duda de que podían tomar el control de los soldados y reclamar el trono. ¿Cuántas veces había escuchado que Jesús era el Rey –era Su Reino- y finalmente serían libres de los romanos y de la opresión a la que estaban sometidos? ¿Por qué no hacer que esto sucediera? ¿Por qué no anticipar el resultado?

Jesús le está diciendo a Pedro: "Encuentra tu identidad en mí. ¿Me amas, Pedro? Entonces apacienta mis ovejas."

Cuando nos enamoramos de Jesús… cuando Él guarda nuestro corazón… cuando amamos como Él ama… tenemos el corazón que necesitamos para convertirnos en la persona que Él planeó que fuéramos.

Mateo 22:37 dice: *"Ama al Señor tu Dios con todo tu corazón, con todo tu ser y con toda tu mente"* –le respondió Jesús". En Él, somos *suficientes*. Y *suficientes* es solamente eso… *suficientes*.

Enamorarse de Jesús no es un sentimiento. Es un compromiso. Un compromiso que no cambia con las situaciones o las circunstancias. En lo profundo de nosotros, debemos reflejar una lealtad y fidelidad para sortear cualquier tormenta, cualquier obstáculo, cualquier engaño o cualquier miedo. Tenemos que reconocer lo que dice Romanos 8:31 "…*Si Dios está de nuestra parte, ¿quién puede estar en contra nuestra?"* Este amor no tiene límites, es incondicional, es continuo. Este amor viene cuando cavamos profundo, cuando conectamos y dedicamos lo que somos a Dios.

¿Estás listo para comprometerte? ¿Es hora de reconocer que *ya fue suficiente*? Tú eres *suficiente* en Dios. Ser *suficiente* en Jesús es *suficiente*.

Hechos 17:28 dice *"puesto que en él vivimos, nos movemos y existimos"*. Juan 15:4 dice *"permanezcan en mí y yo permaneceré en ustedes"*.

La pregunta, sin embargo, es ¿cómo es eso? Había un programa de televisión llamado *A Decir Verdad* que mi abuela solía ver. Cuando tuve edad para entenderlo, estaban pasando las repeticiones. Era divertido ver cómo mi abuela trataba de adivinar junto con el panel de celebridades quién era la persona real. El conductor (una celebridad) cuestionaba a un grupo de tres personas que decían ser una persona en particular – un gimnasta olímpico o el inventor del papel aluminio. Hace unos años, me di cuenta de que el programa se seguía transmitiendo. Mi parte favorita del programa era cuando el reflector giraba por todos lados y el presentador decía: "Por favor, ¿podría el VERDADERO (nombre de la persona) PONERSE DE PIE?" Por supuesto, el objetivo era confundir al panelista sobre quién era la persona real.

De manera muy similar, tratamos de ser todo tipo de personas, ninguna de las cuales somos el verdadero tú ni la verdadera yo. Hay momentos en los que podemos tener las características del camaleón, y confundiéndonos entre lo que está o los que están a nuestro alrededor. De manera amorosa, Dios nos redirecciona, nos reenfoca y nos restaura para que seamos la persona que necesita que seamos.

Él sabe todo de nosotros, y sabe cómo nos ha equipado. La clave es sacar a la luz a esa persona que está dentro de nosotros. Comencemos por darnos cuenta de que fuimos hechos de una manera única y hermosa. Al entender esto, nuestro corazón debe reflejar el amor de Jesús. Lo escucho susurrar: "¿Me amas, Tara? Apacienta mis ovejas". "¿Me amas, Tara? Apacienta mis ovejas". : "¿Me amas, Tara? Entonces apacienta mis ovejas". Fuimos hechos para adorar a nuestro Dios y discipular a Su pueblo. Este momento de realización puso a Pedro en el camino hacia lo que estaba predestinado a ser. Hará lo mismo por ti.

En las próximas semanas, comprométete conscientemente a tener una relación más profunda con Jesús. Una relación en la que comiences el día en Su Palabra y lo termines en Su Palabra. Una en la que reconozcas que eres único en Cristo Jesús. Una que abra tu corazón a la libertad que sólo puede venir de amarlo a Él. Cuando esas etiquetas salgan de tu mente, di en voz alta: "Te amo, Jesús. Soy *suficiente* en ti. Y *suficiente* es suficiente para hacer y ser quien me creaste para ser".

Es tiempo de empezar a escuchar la voz de Dios dentro de nosotros y no la voz de lo que el mundo demanda de nosotros. Es tiempo de tomar decisiones firmes en nuestro día a día - ¿se alinean a la Palabra de Dios? ¿se alinean a los deseos que Dios ha puesto en nuestro corazón?

Una de las maneras en las que ayudaba a mis hijos a decidir lo que querían hacer era ayudarlos a descartar lo que no querían hacer. Al mismo tiempo que se divertían con este ejercicio, también era un ejercicio de sabiduría. Escribíamos la lista de opciones en papelitos y los poníamos en una fila en la mesa. Yo les preguntaba: "¿Cuáles no quieren hacer? ¿Qué cosas de las que están aquí son las que menos les gusta hacer?" Iban eliminando los papelitos uno por uno hasta llegar a tres opciones. Después discutíamos los pros y los contras de cada opción hasta que se les hacía fácil decidir lo que realmente querían. Mientras que el primer paso hacia encontrar nuestra suficiencia en Cristo es conectar nuestro corazón con el Suyo, el segundo paso es eliminar las etiquetas que nos definen de una manera que no somos nosotros y que ya no queremos cargar. Conforme desarrollas tu relación con Jesús a un nivel más profundo, quiero que empieces a arrancar las etiquetas que no te pertenecen o que ya no quieres traer. Arráncalas de tu mente. Decide activamente que ya no eres esa persona

.

1. **Conoce Su palabra**. Muchos de nosotros necesitamos los elogios de los demás. Esa es una de las principales razones por las que estamos donde es-

tamos, viviendo una vida que no es nuestra sino del mundo. Acepta que ya no puedes depender de la satisfacción que te da el hacer exactamente lo que los otros quieren que hagas. Determina hoy –ahora- que vas a dejar de tener relaciones falsas. Está bien si alguien no está contento contigo. Como adulto, puedes tomar decisiones sobre tu propia vida. No necesitas la validación de nadie más – sólo la de Jesús.

2. **Deja de ser quien no eres.** A medida que tu corazón se acerque más al Suyo, se hará más evidente quién eres en Cristo Jesús y quién no. Habrá personas que intentarán atraerte nuevamente cuando dejes los roles que el mundo ha hecho para ti. Puede ser difícil, pero acepta y comprométete con el hecho de que algunas de esas personas deben ser eliminadas de tu vida. Evalúa tu lista. Cree en quién eres y está consciente de quién no eres. Confía en que tienes todo lo necesario para convertirte en quién eres en Cristo

3. **Ámate a ti mismo.** Hay días en los que tal vez tengamos que decirnos de forma reiterada "Te amo. Amo quien eres. Amo la persona en quien te estás convirtiendo." Hay días en los que tenemos que decirnos palabras de afirmación más seguido. Las conversaciones más importantes que tenemos son las conversaciones que tenemos con Dios y las constantes conversaciones que tenemos con nosotros mismos. Trata de decir estas palabras: "Estoy esforzándome por ser la persona que Dios planeó que fuera y amo la persona que soy en Cristo Jesús. " El amarte tal como eres, de la manera que fuiste creado, es un regalo de Dios. Eso sólo puede empezar contigo.

¿Alguna vez has intentado usar zapatos que no te quedan? Cuando estaba en la Universidad, una amiga mía tenía los tacones de aguja más hermosos, y combinaban perfecto con el vestido que me pondría a un evento al que había sido invitada. El problema es que eran medio número más chico que lo que yo calzaba. Pero eran demasiado bonitos para no llevarlos, ¿no es así? ¡Error! Después de treinta minutos en el evento y unos cuantos viajes a la pista de baile ¡mis pies gritaban fuerte y claro! Esos zapatos ¡NO ME QUEDABAN! Nada puede arruinar más una velada que un dolor de pies. ¿Alguna vez has tenido un dolor que cambió tu personalidad? ¿Un dolor que cambió la forma en la que normalmente actúas o reaccionas ante los demás? ¿Un dolor que alteró quién eras como persona?

Bueno, todos esos roles en los que intentas meterte —esas etiquetas que aceptas como verdaderas cuando no podrían estar más alejadas de la realidad — esas palabras negativas e hirientes que repites una y otra vez en tu cabeza — son como esos zapatos que traté de ponerme esa noche. ¡QUÍTATELOS! Dios tiene la talla perfecta para ti. Él tenía algo especial para ti desde antes que nacieras y el rol que él diseñó para ti dice que eres lo suficientemente GRANDE – lo suficientemente INTELIGENTE - lo suficientemente ALTO - lo suficientemente LINDO - lo suficientemente RÁPIDO - lo suficientemente PEQUEÑO - lo suficientemente MORENO - lo suficientemente BLANCO - lo suficientemente SANO - lo suficientemente REDIMIDO - lo suficientemente AMADO.

¿Por qué ponerte unos zapatos que te lastiman? ¿Por qué ponerte un modelo que no te queda si hay un modelo único, perfecto y divinamente creado sólo para ti? ¡Hay un zapato como el de Cenicienta, hecho a tu medida, un papel que es sólo para TI!

Un traje personalizado, hecho a tu medida que luce y te queda como a nadie más.

Ya Ha Sido Suficiente: Tomémoslo Personal

¿Cuándo ya ha sido suficiente?

Admito que soy una amante excesiva de los accesorios. Recuerdo haber crecido yendo al centro comercial. Cada semana íbamos a ver a una mujer que iba a la iglesia que trabajaba en el área de cosméticos. Mientras mi madre y mi tía platicaban con ella, yo veía las manos de la señora Sara y me llamaba la atención que en cada dedo tenía un anillo. Pensaba dentro de mí que no podía esperar para hacer lo mismo. En cada cumpleaños y en cada fiesta pedía un accesorio para lograr ese objetivo. Ya después, no veía la hora de usar aretes grandes. Para mis XV años, hicimos una gran fiesta y lo que más quería de regalo eran unos aretes grandes. Al día de hoy, uno de mis regalos favoritos son un par de arracadas grandes. No obstante, aunque me gustan mucho los accesorios grandes, he estado en lugares donde me los he tenido que quitar.

Siempre he bailado. De los 3 a los 18 años estuve en ballet, tap y jazz en la Escuela de Danza de Pat Brown hasta bailar en la Universidad en el Equipo de Danza de la Universidad Clark en Atlanta, luego en el Ministerio de Danza de Alabanza del Coro Gospel de la Escuela, hasta iniciar el Ministerio de Danza en la Iglesia Bautista Misionera, enseñando coreografías en varios escenarios, y ya después, zumba. En estos escenarios de danza, tuve que quitarme todos esos accesorios debido a los daños potenciales que su uso podían causar durante el movimiento.

A lo largo de mi vida adulta, incluso dando conferencias, al conectarme el micrófono, los del ministerio de audio han tenido que llamarme aparte y decirme: "Por favor quítese los aretes, estamos escuchando sonidos de su joyería y no podemos oír claramente sus palabras". Mi esposo muchas veces bromea conmigo y me dice que escoja un accesorio para quitármelo. Me dice: "No estoy seguro de que necesites todos los broches, pulseras, collares, cinturones, aretes y anillos al mismo tiempo." Yo me río, me quito alguno y sigo disfrutando de lo aparatoso de todo lo demás.

A veces en la vida, nos centramos en los accesorios de la vida. Los adornos externos y los ruidos no sólo pueden distraernos de la tarea que tenemos que hacer, sino que pueden enredarnos y hacer que nos enfoquemos en algo que no debería ser el punto central.

¿Qué necesitas quitarte que se ha vuelto un accesorio ruidoso en tu vida?

Cuando Dios dice que es Suficiente, es suficiente. Sin importar lo que digan las voces a tu alrededor, tú tienes lo que necesitas para enfrentarte a lo que tienes por delante.

Dios te está diciendo: "¡Tú eres suficiente porque yo estoy CONTIGO! ¡Yo te creé!" No eres una creación incompleta, pero Dios dice que mientras estés en esta tierra, Él está trabajando en ti.

> *Filipenses 1:6 dice "Estoy convencido de esto: el que comenzó tan buena obra en ustedes la irá perfeccionando hasta el día de Cristo Jesús"*

Cuando estimamos más la aprobación de los demás que la aprobación previa de Dios, hacemos que los accesorios ruidosos, estridentes y glamorosos de las opiniones de los demás se conviertan en ídolos en nuestras vidas. ¡Tu propósito divino del Cielo no necesita cosignatarios en la Tierra!

¿Qué necesitas quitarte que se ha convertido en un accesorio ruidoso en tu vida? _

_____

_____

¿Te has perdido la tarea de esta temporada de tu vida mientras comprabas el accesorio de la aceptación? Tal vez quieres ser aceptado en un cierto círculo social, en un clan familiar, en una hermandad /fraternidad, en un estatus en redes sociales, en un puesto de Consejo, en algún otro cargo, en un grupo de amigos, en un vecindario.

¿Qué accesorio has estado buscando? _____

_____

_____

¿En qué formas has dado prioridad a los accesorios decorativos en vez de enfocarte en las asignaciones divinas? _____

_____

_____

_____

¿De qué maneras nos enfocamos en cosas que no son el propósito principal de nuestra vida desde la perspectiva de Dios? _____

_____

_____

_____

¿Has estado comprando y buscando el accesorio de la aprobación? _____

_____

_____

_____

¿De qué maneras has estado buscando el accesorio de la atención y el reconocimiento? En algunas funciones, tal vez no recibas el reconocimiento que crees merecer. Debes de saber que Dios ve el corazón del asunto, ya sea que obtengas o no el aprecio del público. _____

_____

_____

_____

Sólo Lo Suficiente

Tus Deficiencias Que Glorifican La Suficiencia De Dios

> *"No es que nos consideremos competentes en nosotros mismos. Nuestra capacidad viene de Dios."*
> 2 Corintios 3:5

Recuerdo que yo era adolescente cuando la vi por primera vez. Lo primero en lo que me fijé fueron sus uñas rojas. Estaba a la moda. Su cabello estaba arreglado como alguien de la televisión y todo combinaba meticulosamente, desde los accesorios hasta los zapatos. Incluso la forma en que se sentaba con mi madre, la espalda recta, las piernas cruzadas, la cabeza ligeramente inclinada hacia un lado, escuchando la historia de mi madre, todo en ella era perfección. Pensé: "Así seré cuando sea grande." Quería saber desesperadamente de qué hablaban mi madre y ella, pero cuando me acercaba un poco, mi madre me decía que me fuera a otra habitación por un rato. Observé desde la esquina cuando la mujer se fue ese día de nuestra casa. Su auto era caro y al subir en él para irse, me vio. La saludé con la mano –ella sólo sonrió- con una sonrisa triste- una sonrisa sin mucha expresión.

Varias semanas más tarde, oí a mi madre hablar de ella con mi tía. Tristemente, había pensado en quitarse la vida. Mi tía me dijo que la mujer había tomado muchas decisiones equivocadas en la vida y estaba batallando para vivir con ellas. En ese tiempo me parecía imposible que alguien tan cuidadoso, tan inmaculado por fuera, pudiera estar luchando tanto por dentro.

Cuando la volví a ver, se veía igual, pero me di cuenta de algo que hasta hoy me hace reflexionar. El regalo bajo el árbol recién iluminado puede estar envuelto con el papel más brillante, un moño perfectamente bien atado y estar todo bien en su conjunto, pero nada de eso tiene significado si el interior está vacío.

Con frecuencia pienso en esas enormes pilas de regalos que algunos de nosotros damos a nuestros hijos en Navidad. Después de toda la inversión y el tiempo que pasamos dando los regalos, a menudo los niños están más entusiasmados con la envoltura y la caja, que con su contenido. Imagina esto. Tu hijo está ignorando el regalo que estaba en la caja, pero elige prestar toda la atención y pasar todo el tiempo jugando con la caja. ¿Tratamos a Dios de modo similar? Después de toda la inversión y el tiempo que empleó en nosotros, dándonos los dones que nos ha dado, nos emocionamos más con la envoltura que con nuestro contenido interior. ¿Estamos tan enamorados de la caja que ignoramos el regalo que hay dentro de nosotros?

¿Pasamos más tiempo en el arreglo del cabello que en renovar nuestra mente? ¿Pasamos más tiempo en nuestra ropa que en guardar nuestro corazón? ¿Pasamos más tiempo cuidando nuestra piel que en la Palabra? Muchos de nosotros pasamos mucho tiempo asegurándonos de que nuestro exterior se vea perfecto para el mundo. Publicamos historias en Instagram y esperamos validación. ¿Cuántos likes tiene? Revisamos nuestros comentarios en Facebook. ¿Qué quiso decir con ese comentario? ¿Por qué lo dijo así? Buscamos validación del exterior porque nos hace creer que somos aceptados por el mundo. El número de seguidores –el número de amigos- son un barómetro para darnos una idea de cómo nos están valorando. Nos vestimos para complacer. Publicamos para complacer. Cambiamos nuestro peinado de acuerdo a las tendencias. Manejamos autos que no podemos pagar. Compramos bolsos que cuestan más de lo que tenemos sólo por la marca, a pesar de lo que cuestan. Nuestro comportamiento refleja lo que otros quieren y no necesariamente lo que Dios pide.

Tal vez nos permitimos ciertas cosas con tal de encajar, ni siquiera porque deseamos esa cosa en particular. Tal vez menospreciamos a otra gente para atraer la atención de otros y hacernos ver mejor de lo que realmente somos. Tal vez mentimos acerca de nosotros mismos para sobresalir o llamar la atención de alguien.

Hay un término que se conoce como "catfishing". Esto es cuando alguien crea una identidad falsa en línea para tener una relación, basada en el engaño. Las fotos son diferentes a la realidad. ¿Podríamos estar haciendo "catfishing" – es decir, aparecer como alguien que no somos? Todas estas acciones apuntan a nuestra hambre de aprobación. ¿De dónde viene tu validación?

Jesús cuenta la historia de un hombre que tenía dos hijos. Está en Lucas 15:11-32 y se conoce como "La Historia del hijo pródigo". El hijo menor, que por derecho de nacimiento recibiría una tercera parte de la herencia de su padre, fue con él y le pidió lo que le tocaba. Lucas 15:12 dice: "El menor dijo a su padre: "Padre, dame mi parte de la herencia". Así que el padre repartió sus bienes entre los dos."

No se habla mucho de esto, pero el versículo dice "entre los dos". No dice "sólo a él". No dice: "El padre le dio al hijo menor el tercio de la herencia pero al hijo mayor le dijo que tendría que esperar a que muriera." La Biblia dice que, a petición del hijo menor, el padre repartió la herencia entre los dos. LOS DOS. Hermano mayor y hermano menor. Y no habla de cantidades, aunque históricamente por lo regular el hijo mayor recibía dos tercios de la riqueza del padre y el hijo menor recibía un tercio.

Conforme vamos leyendo, vemos que poco tiempo después de que su padre le diera el dinero, el hijo menor partió a una tierra lejana y derrochó el dinero en una vida desenfrenada. Ahora, sólo podemos imaginar lo que significa "una vida desenfrenada", pero lo que sí te puedo decir es que mientras tenía dinero, seguramente tenía muchos amigos. Amigos que salían a tomar unos tragos, a cenar, a bailar, a disfrutar de todas las ventajas de estar al lado de un chico joven, loco, divertido y con mucho dinero. Apuesto a que tenía la mejor ropa, las chicas más lindas, muchos LIKES y muchos seguidores en sus redes sociales. Apuesto a que cuando publicaba alguna historia, sus cifras *online* se disparaban. Estoy segura de que tenía todo lo que quería y de que tenía al alcance a quien quería. Tal vez hasta se reía pensando en la vida de su padre y de su hermano. Creía que estaba en la cima del éxito. Estaba en tendencia. La vida no podía ser mejor de lo que era en ese momento.

Y como todo en el mundo lo es... eso fue temporal. El divertido ascenso tuvo una inminente caída.

enoughness

> *Lucas 15:14-16 continúa «Cuando ya lo había gastado todo, sobrevino una gran escasez en la región, y él comenzó a pasar necesidad. Así que fue y consiguió empleo con un ciudadano de aquel país, quien lo mandó a sus campos a cuidar cerdos. Tanta hambre tenía que hubiera querido llenarse el estómago con la comida que daban a los cerdos, pero aun así nadie le daba nada."*

Hasta ese punto, el valor del hijo menor había radicado en el dinero, en los amigos, en el materialismo y en la aceptación del mundo. Sin embargo, cuando "comenzó a pasar necesidad", ¿dónde estaban esos amigos? ¿Esos amigos a los que les gustaba sus historias de Instagram y que disfrutaban de las bebidas y los aperitivos a costa suya? ¿Alguno le ofreció un lugar para quedarse? ¿Alguno le llevó comida? ¿Alguno le prestó dinero? ¿Sabemos siquiera si pidió ayuda a alguno de ellos? La respuesta a estas preguntas es NO, porque realmente no sabemos. La razón detrás del NO podría ser por la superficialidad de las amistades, pero también porque cuando basamos todo en la reacción y las acciones de la gente (el mundo exterior), nuestro interior depende de nuestro exterior. Como el regalo bajo el árbol, nos quedamos sólo con un vacío porque lo basamos todo en las apariencias. A menudo le digo a mis hijos que si Satanás se apareciera como realmente es, nadie estaría interesado en lo que tuviera que decir. El engaño, de parte de alguien más o de nosotros mismos, nos lleva a una morada vacía. El hijo menor se encontró anhelando la comida que comían los cerdos.

Algunos de nosotros nos encontramos en una situación similar. No necesariamente en el contexto de los cerdos, pero viendo nuestras vidas de manera poco realista, devaluando lo que somos, adaptándonos a las nuevas normas dentro de los corrales de cerdos, sin siquiera pensar que somos dignos de tener más. El hijo menor se acordó de su padre, de su hermano y de sus sirvientes. "*Por fin recapacitó y se dijo: "¡Cuántos jornaleros de mi padre tienen comida de sobra, y yo aquí me muero de hambre! Tengo que volver a mi padre y decirle: Papá, he pecado contra el cielo y contra ti. Ya no merezco que se me llame tu hijo; trátame como si fuera uno de tus jornaleros". Así que emprendió el viaje y se fue a su padre.*" – Lucas 15:17-20.

Me encantan las primeras palabras de estos versículos: "*Por fin recapacitó…*" ¡Sí! Señor, ayúdanos a recapacitar. Otra versión de este mismo pasaje dice: "Cuando volvió en sí mismo." Señor, ayúdanos a ver quiénes somos realmente. ¡Ayúdanos a volver en nosotros mismos! Ayúdanos a dejar de desear "*lo que los cerdos están comiendo*" y a empezar a desear lo que Tú tienes para nosotros. Probablemente estés pensando ahora mismo: ¿quién desea comer lo que comen los cerdos? ¡YO NO! Cuando nos conformamos con menos, cuando fuimos creados para mucho más, ¡estamos deseando la basura de los cerdos! En vez de desear lo mejor que nuestro Padre celestial planeó para nosotros, deseamos menos. A veces hasta oramos para que Dios nos ayude a realizar nuestros planes " insignificantes".

Aquí es también significativo el estado mental del hijo. Creía que por sus acciones, por sus errores, por la serie de eventos que lo llevaron al lugar donde estaba, ya no era digno de ser llamado *hijo*. Estaba dispuesto a conformarse con ser un *sirviente*. Es fácil llegar a este punto, te des cuenta o no. Hay veces que, como el hijo pródigo, creemos que conocemos mejor nuestro futuro que Dios. El hijo menor tenía grandes sueños. Iba a conquistar el mundo –pero en sus propios términos- a su manera- y su padre le permitió hacerlo durante un cierto tiempo.

Tal vez no era la primera vez que el padre escuchaba esta idea de su hijo menor. Posiblemente era una petición que le había hecho varias veces antes. Me puedo imaginar al papá hablando con su hijo sobre la importancia del dinero, de cómo alcanzar el éxito, de cómo ser sabio con el dinero y ahorrar, de la paciencia como una virtud y de cómo trabajar duro para obtener algo. Esta última petición pudo haber sido lo que su papá necesitaba para decir: "Es tiempo de aprender una valiosa lección de vida."

Muchos de nosotros nos encontramos en un patrón similar. Tal vez no hemos sido sabios con nuestras elecciones. Quizá estábamos decididos a hacer lo incorrecto. Tal vez no hemos escuchado la voz de Dios ni hemos seguido un Plan Divino para toda nuestra vida. Tal vez a través de una serie de acontecimientos en los que no tuvimos opción alguna, nos quedamos necesitados y deseando algo más. El rechazo del mundo, las etiquetas que nos identifican incorrectamente y la búsqueda de aceptación en el mundo nos hacen sentir vacíos e inseguros. Nos devaluamos o desechamos nuestras posibilidades en Dios porque en el fondo, no creemos que somos dignos de ellas.

El hijo menor decidió regresar a casa. ¿Puedes imaginar su estado de ánimo? Lo que haya sido que le preocupara sobre su regreso, había decidido creer que el lugar donde debía estar era con su padre, fuera como fuera. Cuando dobló la esquina de su casa, su padre lo vio de lejos. Para mí, esta es la parte más hermosa de la historia. La Biblia nos dice que *"Todavía estaba lejos cuando su padre lo vio y se compadeció de él; salió corriendo a su encuentro, lo abrazó y lo besó."*

Esto me dice que su padre siempre lo vigilaba. Nunca dejó de esperar su regreso. El padre no esperaba que el hijo llegara hasta él. No se esperó a ver qué diría o qué no diría. En cuanto lo vio, CORRIÓ hacia él, lo abrazó y lo besó. El padre le ordenó a los sirvientes matar el becerro más gordo y preparar una fiesta para celebrar el regreso de su hijo.

Me hubiera gustado que la historia siguiera. Realmente me hubiera encantado conocer más detalles de lo que pasó después. Solo podemos echar a andar nuestra imaginación pero podemos asumir algunas cosas: 1) El hijo aprendió dónde buscar aceptación. 2) Aprendió el valor de una relación verdadera. 3) Aprendió quién era él para su padre, ¡incondicionalmente!

Es muy fácil caer en la trampa de la búsqueda de aceptación. Quiénes somos… Lo que tenemos… Lo que sabemos… Cómo nos ven… no son indicadores de la persona que somos. El problema de buscar nuestra seguridad por fuera es que, eventualmente, no la encontraremos. Nuestra mentalidad está fija en la adictiva necesidad de aprobación de la gente. Los elogios -que nunca son suficientes- en algún momento se acabarán, tal vez incluso de manera abrupta, dejándonos tan vacíos como el regalo de Navidad tan bellamente envuelto bajo el árbol- insignificante y sin valor.

Los contratiempos paralizan fácilmente a quien busca aprobación por fuera y lo dejan temeroso al fracaso y con poca o nula confianza. La falta de confianza lleva a la falta de autoestima y a la desesperanza. En poco tiempo, nos encontramos como el hijo pródigo, anhelando la comida de los cerdos.

A medida que determinamos quiénes no somos según el mundo, ¡también necesitamos ver quiénes somos de acuerdo a la Palabra! En la historia del Hijo Pródigo, el hijo menor quería ser "el" chico con dinero, con mujeres y con el coche último modelo. Quería ser el chico del que todos hablaran, el que la gente quisiera ser y al que quisieran seguir. El problema es que no es que busquen a la persona de quien habla la gente o la que desean ser o a la que quieren seguir, sino que buscan las "cosas materiales". Una gran parte de ser quienes hemos sido creados para ser, es saber quiénes no somos y eliminar la búsqueda de una falsa perspectiva de nosotros que no honra a Dios.

Conocía una señora que cuando le preguntaban cómo estaba, siempre contestaba: "Estoy bendecida y muy favorecida". Aunque sonaba maravilloso, su apariencia era todo, menos favorecida. Tenía una enfermedad debilitante que la había dejado lisiada de sus manos y en una silla de ruedas. Tengo entendido que tenía un dolor crónico en el cuerpo y una enfermedad rara con la que los médicos no podían hacer mucho para ayudarla. No tenía hijos ni hermanos vivos; prácticamente no tenía a nadie que la cuidara. Terminó sus días en un asilo del gobierno sin ningún apoyo físico ni económico, pero seguía diciendo que estaba "bendecida y muy favorecida".

Nos sentimos bendecidos y favorecidos por el Señor a pesar de nuestras circunstancias cuando nuestras necesidades son suplidas en Él. Todo lo que somos, todo por lo que pasamos, las buenas o malas decisiones que tomamos, todo eso redundará en una simple verdad: no hay circunstancia, consecuencia, problema o asunto que Dios no use para hacernos crecer, para impulsar Su llamado en nuestra vida.

> *Pablo escribe en Filipenses « Sé lo que es vivir en la pobreza, y lo que es vivir en la abundancia. He aprendido a vivir en todas y cada una de las circunstancias, tanto a quedar saciado como a pasar hambre, a tener de sobra como a sufrir escasez"*

El secreto para encontrar nuestra dirección y propósito en el Señor, "nuestra suficiencia", es nuestra habilidad para reconocer que las circunstancias que enfrentamos hoy son herramientas que Dios usa para fortalecernos mientras caminamos de acuerdo a Sus deseos y Sus planes. Como madre, esposa y líder de ministerio, ha habido momentos en mi vida en los que me he sentido jalada y arrastrada al mismo tiempo en múltiples direcciones. Hacer pagos, ver lo que cada quien comerá, quién necesita estar dónde y a qué hora, checar los horarios de viajes, las reparaciones, ¿qué se me ha olvidado? Lo que fuera… yo hacía todo. Sentirme así indicaba que todo dependía de mí –de mi capacidad para hacer un buen trabajo, de mis habilidades, mis esfuerzos, de mi… de mi… de mi… Siendo así, iba a llegar el fracaso sin importar qué tan buena o mala fuera. Nada de eso dependía de mí. Sin Su provisión y Su dirección, puedo durar sólo un poco. Podré triunfar algunos años, pero con el tiempo, las realidades del mundo y la debilidad de nuestro ser saldrán a relucir.

No es la voluntad de Dios que vivamos bajo la presión de que todo depende de nosotros. No es Su propósito que nuestra vida sea tan superficial y que queramos ser reconocidos por nuestra riqueza material o por un cierto estatus en el mundo. No es el deseo de Dios que nos veamos a nosotros mismos como si no fuéramos Suyos. Cuando nos apoyamos en Él, confiamos en Él, ponemos nuestra vista en Él y nos centramos en Él, experimentamos Su suficiencia. *"Cuando soy débil, entonces soy fuerte"* 2 Corintios 12:10.

Como creyentes en Jesús, tenemos que empezar hoy con un acto intencional para aceptar quiénes somos en Él. Empieza por ser el mejor hoy. Es lo mejor que puedes ser hoy.

enoughness

La mayoría de nosotros vivimos en un ciclo de "si …entonces". Estamos esperando adelgazar diez kilos, entonces seremos lo que somos. Si compramos esa casa en este vecindario, entonces estaremos donde debemos estar. Ese auto, esa carrera, ese bebé, esa relación – si podemos llegar ahí, entonces… Todos esos deseos podrían hacerse realidad y, ¿adivina qué? Aún con eso, seguirías buscando porque no has aprendido a amar quien eres, quien Dios te creó para ser, aquí y ahora mismo. Deja de culpar a quien no eres y empieza a ver quién eres. La auto–aceptación comienza de rodillas. Inicia con una oración de gratitud a Dios por la persona que te creó para ser. Eso no significa que no puedas alcanzar niveles más altos para tener una mejor educación, cambiar de trabajo o perder peso; lo que significa es ser intencional en amar lo que eres, aquí y ahora. Cuando decidas mejorar, será simplemente eso: una mejora. Como madre, he visto a mis hijos crecer, desarrollarse y aprender muchas cosas. No los amo más porque saben ir al baño o porque saben andar en bicicleta. No me hacen más feliz si saben sumar y restar. No soy diferente con ellos sólo porque mejoraron en algo. Los amo con o sin pañales. Quédate con esta mentalidad respecto de ti mismo.

La sociedad pasa mucho tiempo hablando sobre el juicio, pero habla muy poco de cómo nos vemos a nosotros mismos y de cómo nos juzgamos injustamente. Estira tus brazos y crúzalos sobre tu pecho. Date ese abrazo tan necesario. Acostúmbrate a hacerlo porque lo vas a estar haciendo todos los días. ¿Por qué? Porque te amas tal como eres. Cuando amamos a alguien, lo abrazamos. Lo celebramos. Lo aceptamos tal cual es. Quiero que practiques diariamente para darte ese abrazo que tanto necesitas.

Decídete a aceptar quién eres, dónde has estado, qué has hecho y por qué eres diferente. La culpa pesa mucho. No permitas que te consuma e interfiera con quien eres y cómo te sientes contigo mismo. Los errores del pasado están donde pertenecen- en el pasado. Así que empecemos con *Quién eres*... ¿Recuerdas esa pregunta? Empecemos por ahí. Mientras que lees estas palabras, quiero que digas en voz alta: "Soy exactamente quien necesito ser ahora mismo. Soy amado por Dios, mi Creador, de una manera que nunca creí que fuera posible. Soy capaz de hacer cosas increíbles y maravillosas a través de Él porque soy *suficiente* tal como soy".

¿Recuerdas ese viejo himno *Tal como soy*? Es uno de mis favoritos porque nos habla de una manera personal. Dios te quiere tal como eres. No necesitas una ducha, no necesitas un mejor trabajo, no necesitas volver a la escuela. No tienes que ser libre de la adicción. No necesitas perder peso. El himno fue escrito en 1834 por una mujer llamada Charlotte que sufría de una enfermedad debilitante. Su historia es un increíble ejemplo de cómo Dios puede usarnos, sin importar nuestra condición. *Tal como soy* fue escrito el día que Charlotte se sintió abrumada por la depresión y la tristeza debido a su enfermedad. Reflexionó que para llegar a Jesús no hay un estándar de bondad. La gente es simplemente suficiente. El tercer verso de este himno dice: "Tal como soy, aunque esté sacudida por muchos conflictos, muchas dudas, luchas y miedos dentro y fuera, oh Cordero de Dios, vengo, vengo".

Cuando nos damos cuenta que la mejor versión de nosotros mismos está contenida en Dios, las cosas cambian. Dejamos de buscar quiénes somos en este mundo temporal y temperamental. Dejamos de basar nuestra felicidad en lo que la sociedad define como éxito. La verdad es que tal vez hay muchos sueños a los que tenemos que decir adiós y quizá hay otros en los que necesitamos tener el valor de actuar y tener un plan de acción para llevarlos a cabo. El éxito se define de muchas maneras, dependiendo quién lo defina. Algunos definen el éxito como tener cierta cantidad de dinero, cierto grado de estudios o cierta cantidad de posesiones. Otros lo definen como cierto estado civil, cierto número de hijos o bien, como nada de lo mencionado anteriormente. Sin importar cómo se haya definido el éxito en tu contexto, tal vez tengas que tomar el tiempo para desintoxicarte y desprogramar esos pensamientos si no están alineados con la forma en que crees que Dios está guiando tu vida. Redefinir el éxito puede ser el inicio para darte cuenta de tu *suficiencia*. Al abrazar un nuevo significado de éxito, dejas ir las metas y las medallas atadas a las metas de otros para ti.

El éxito puede ser redefinido como estar en la perfecta voluntad de Dios en esta temporada de tu vida. Por lo tanto, lo que significa éxito para ti, puede ser muy diferente que lo que significa para mí.

También debemos reconocer que nuestra *suficiencia* no está ligada a algún ideal inexistente. Sentir tu propia *suficiencia* no proviene de ser alguien que no eres, sonar como alguien más o pretender tener un don que no tienes. Si pierdes tu vida tratando de ser "ellos", ¿entonces quién va a ser tú? ¡Este planeta te necesita!

Sin duda, se requiere trabajo para desprogramar los ideales a los que hemos estado expuestos por años; pero debemos cavar hasta llegar al fondo de nuestro verdadero yo. Una vez escuché a alguien decir: "Dios puede pedirte que muevas una montaña. No dudes que Él te equipará para moverla- pero ese equipo podría ser una pala." Esta declaración siempre me ha asustado un poco. Queremos pensar que si Dios nos equipa, entonces será fácil. Nada podría estar más lejos de la verdad. A veces, el proceso con Dios es todo menos fácil. Lo que necesitamos tener es la disposición para hacerlo –hacer lo que Él nos pide que hagamos- coger esa pala y empezar a cavar profundo.

Tómate un momento y permite que la mejor versión de ti salga y platique un poco contigo mismo. ¿Suena un poco extraño? La realidad de este ejercicio es que necesitas saber que dentro de ti está la persona que Dios planeó que fueras. Has sido eclipsado por el dolor, la desilusión, las malas decisiones, el engaño, el fracaso y el miedo. Visualiza por un momento a la mejor versión de ti teniendo una conversación con tu yo actual. ¿Qué diría tu mejor amigo? "Sé que lo has pasado mal. Sé que esa persona te lastimó. Vamos a dejar eso atrás. Yo soy quien realmente eres- una creación sabia y hermosa, viviendo continuamente en tu propósito. Y amo quien eres."

Hay tanta sabiduría en ti que tienes que aprovechar y entender. Este ejercicio te ayudará a tener compasión y empatía por ti mismo, y a amarte y cuidarte. Muchos de nosotros no tenemos idea de cómo amarnos a nosotros mismos. La realidad es que la única manera de determinar quiénes somos en Cristo, será cuando aprendamos a amarnos y a apreciar a la persona que hay dentro de nosotros, la persona a la que hemos pasado años sofocando día con día. Hay una luz dentro de ti que no fue diseñada para esconderse debajo de un almud. Prepárate para brillar de manera que ninguna opinión, ninguna palabra, ningún acontecimiento del pasado pueda atenuar..

Sólo Lo Suficiente: Tomémoslo Personal

¡Cada uno de nosotros tiene áreas débiles! No importa qué tan completos podamos vernos, siempre hay áreas en las que sabemos que necesitamos a Dios para llenar nuestros vacíos. Lo que sea que sientas que no tienes lo suficiente, casi siempre es en lo que más Dios quiere usar tu historia. Como lo explica 2 Corintios 12:10 *"Por eso me regocijo en debilidades, insultos, privaciones, persecuciones y dificultades que sufro por Cristo; porque, cuando soy débil, entonces soy fuerte."*

Las experiencias más grandes de la *suficiencia* y la abundancia de Dios han venido de áreas en las que tal vez los demás han notado una deficiencia o una falta de habilidad. La gloria de Dios brilla más en SU habilidad para usarnos en nuestras incapacidades que en nuestras habilidades.

La receta para reconocer mi *suficiencia* viene de mi reconocimiento de combinar los ingredientes de lo que no tenía suficiente, con el reconocimiento de Dios de lo que sí tenía suficiente!

¿Alguna vez has cocinado algo y no tenías lo que creías que necesitabas en la cocina? En lugar de detenerte y renunciar al proceso de cocinar, a veces tienes que poner otro ingrediente. ¡Ese ingrediente no planeado puede llevar a la creación de un nuevo platillo, un nuevo sabor y una nueva obra maestra que va más allá de tus expectativas! Arma conmigo tu propia receta "Sólo lo suficiente" de testimonios!

La Receta De La Suficiencia Para Mí

Mis ingredientes "Sólo lo suficiente"

Tal vez no tuve _____

Pero sí tuve _____

¡Y eso es suficiente para que Dios lo use!

- **Lo que no tuve fue un padre presente en mi vida. Lo que Dios me dio fue amor en abundancia en mi familia y una madre cuyos sacrificios desinteresados son inconmensurables.**

Mi madre, Margaret Rawls, se esforzó como madre soltera, y en los años setenta (un momento impopular para hacerlo), solicitó el divorcio cuando estaba embarazada de mí de siete meses. Sacrificó su vida personal e hizo todo lo que pudo para inscribirme en cada actividad extracurricular y programa de mejoramiento académico disponibles en Jackson, Tennessee. Cuando crecí, incluso pagó mi inscripción a la Universidad de Clark en Atlanta. Cuando me gradué, anticipó su jubilación cuando estaba en los cuarentas, pagó mis préstamos estudiantiles, pagó mi boda y nos ayudó a mi esposo y a mí con nuestro primer departamento, ya que nos casamos mientras continuábamos nuestra educación.

A los cinco años de casados, cuando nació nuestra primera hija, mi madre dejó su ciudad natal, vendió su casa, regaló su auto, y se mudó a Chicago. Ha pasado su vida sirviendo de tiempo completo como "abuela". Es imposible que pueda yo sentir que faltó algo en mi familia. Lo que parecía que me había faltado al nacer, ha resultado en un viaje de abundancia familiar y parental a cada paso.

- **Lo que no tuve fue una fiesta de graduación de la preparatoria. Lo que sí tuve fue una serie de logros educativos a lo largo de los cuales solamente la gracia de Dios me sostuvo.**

La suficiencia de Dios siguió opacando mis deficiencias. Mi historia se convirtió en una serie de fracasos de los que salí adelante, desde reprobar el examen hasta lograr mi diploma, desde la vergüenza pública hasta lograr una beca, desde el periodo de prueba académica hasta la graduación, desde la duda de mí misma hasta la seguridad… pero no seguridad en mí misma, sino seguridad en mi Salvador, que me llevó de victoria en victoria para Su gloria.

- **Lo que no tuve fue un trayecto impecable en el ministerio de tiempo completo durante las últimas dos décadas. Lo que sí tuve fue un grupo de personas que llegaron a mi vida en el tiempo de Dios para orar por mí en mis puntos más débiles, me dieron palabras sabias para áreas en las que me faltaba actuar con sabiduría y de esa manera me protegieron de envenenarme.**

Una vez estaba aconsejando a una joven que estaba siendo atacada públicamente y la animé a que no leyera ningún comentario sobre ella en internet. Dijo que sus amigas le enviaban mensajes y le contaban todo lo que se decía de ella. Inmediatamente le pedí que creara un círculo de amigas que no le reenviaran los dardos de fuego que con tanta furia le estaban lanzando, sino que pusieran un escudo alrededor de ella que la protegiera de las palabras venenosas que le decían. Lloré cuando me dijo que no podía pensar en nadie en quien pudiera confiar que hiciera eso por ella.

Doy gracias a Dios por la gente con la que me ha rodeado en esta jornada tan imperfecta que he vivido. No soy perfecta, pero estoy protegida. Intencionalmente he sido guardada del veneno.

Estoy agradecida por mi esposo y compañero de propósito y por mi círculo cercano de guerreros de oración, nunca me he sentido insegura de tenerlos a mi lado

- **Lo que no tuve fue perfección. Lo que sí tuve fue protección, ¡y eso fue suficiente para que yo supiera y sintiera que Dios está CONMIGO!**

¿Qué áreas de *suficiencia* hay en tu vida? ¿Cuáles son esas áreas en las que tal vez te has sentido insuficiente pero la *suficiencia* de Dios ha sido innegable?

Lo que no tuve fue: _____

_____

_____

enoughness

Pero lo que sí tuve fue: _____

_____

_____

Lo que no tuve fue: _____

_____

_____

Pero lo que sí tuve fue: _____

_____

_____

Lo que no tuve fue: _____

_____

_____

_____

Pero lo que sí tuve fue: _____

_____

_____

_____

Ya Eres Suficiente

Tu Disposición Para Vivir Tu Llamado

> *"Esa unción es auténtica —no es falsa— y les enseña todas las cosas. Permanezcan en él, tal y como él les enseñó."*
> 1 Juan 2:27b

Ya eres suficiente porque has sido ungido. Estar ungido significa que tu Divino Creador te ha facultado para un propósito. Has sido tocado por Dios. Su empoderamiento en ti te da el poder para todo lo que enfrentarás. Así como algunos aparatos electrónicos vienen con una etiqueta que dice "baterías incluidas", has sido creado con poder dentro de ti.

Además, cuando aceptamos, creemos y confesamos que Jesucristo es el Hijo de Dios, que murió por todo lo que hicimos mal y resucitó de entre los muertos como el único Dios vivo, tenemos vida eterna. Tenemos una nueva vida en ÉL y tenemos al Espíritu Santo llevándonos, guiándonos, dirigiéndonos y protegiéndonos.

El Espíritu Santo, el maestro y guía de nuestra vida, está disponible todo el tiempo para traer claridad a nuestras vidas en saber que ya somos suficientes. Desarrollar una relación personal cercana con el Espíritu Santo es esencial para que entendamos cuál es el llamado de Dios para nuestra vida. Pablo escribe en Romanos 8:14 *"Porque todos los que son guiados por el Espíritu de Dios, son hijos de Dios."* Aunque suena maravilloso, hay un momento de inseguridad- ¿soy guiado por el Espíritu de Dios? ¿Cómo sabe uno realmente por quién está siendo guiado? Dios contesta en la Biblia cualquier pregunta que tengamos. Su Palabra está llena de respuestas y de extenso conocimiento. Josué 1:8 nos dice *"Recita siempre el libro de la ley y medita en él de día y de noche; cumple con cuidado todo lo que en él está escrito. Así prosperarás y tendrás éxito."*

Hace poco leí la historia de un hombre conocido y respetado que compartía diariamente acerca del Señor. La gente lo buscaba para pedirle consejo, ya sea para su vida personal o profesional. Se decía que, en todas sus inversiones, nunca había perdido un sólo centavo. Cuando alguien preguntaba cómo es que tomaba decisiones tan sabias, el respondía: "Nunca actúo antes de haber escuchado al Señor". Traía delante de Dios todos sus asuntos y posibilidades, leía la Palabra de Dios y esperaba hasta escuchar a Dios. Hubo veces en las que la gente se impacientó con él, se cansó de esperar y buscó a alguien más. Para este hombre, esa era una manera en la que Dios le respondía, quitándole la oportunidad. También dijo que hubo tres veces en las que él quería decir "sí" pero sentía que "no" en su corazón. En todas las cosas, el Espíritu Santo lo guió correctamente porque esperó la respuesta incluso en su trabajo en la industria financiera.

Para algunos, es poco común depender de disciplinas espirituales incluso en trabajos seculares de la industria. Meditar en la Palabra de Dios no es sólo una lectura breve de una escritura- es permitir que esa palabra sea parte de tu día. Es leer y releer las palabras de Dios en la Biblia hasta que la Palabra te hable.

Las palabras deben arraigarse en nuestro corazón, y al hacerlo, guiarnos para actuar en consecuencia. Algunos de nosotros no leemos la Biblia como si nos estuviera hablando directamente. La leemos más bien como si fuera un libro de texto y nunca nos vemos en la Palabra. Cuando leas tu Biblia, dite a ti mismo: "Esto es lo que Dios dice de mí. Esto es lo que Dios cree que puedo hacer. Esto es lo que me da el poder para hacerlo."

Aprender a aceptar que somos suficientes tal y como somos ahora mismo, empieza con una relación con el Espíritu Santo en nuestra vida. Ponte de acuerdo con Dios- acepta lo que dice de ti en Su Palabra. Pide con firmeza al Espíritu Santo que guíe tus pasos, que te dé entendimiento, que haga que las decisiones sean claras para ti. Sólo podemos caminar, hablar y aplicar la Palabra de Dios a nuestra vida cuando tenemos una relación con el Espíritu Santo y buscamos Su ayuda en nuestro diario vivir. Desarrollar una relación personal con nuestro Ayudador – Aquel de quien nos habló Jesús y que mora en nosotros – nos da la habilidad de eliminar las dudas, las inseguridades, las frustraciones, disipar tinieblas – y rodearnos de nuestro Creador. La belleza de conectarnos con el Espíritu Santo es que cuando esas palabras dudosas, negativas e incorrectas vienen a nuestra mente, tenemos la capacidad de controlar nuestros pensamientos a la manera de Dios. No formules un discurso en tu mente que no funciona para ti. Borra esas historias negativas y reescribe otras poderosas sobre ti mismo.

Cuando busques el llamado de Dios para tu vida, sé consciente de las distracciones. Si algún médico te diera un medicamento para mantener tu corazón latiendo todos los días, lo tomarías. De hecho, de seguro pondrías varias alarmas y recordatorios para asegurarte de tomarlo todos los días. Debemos empezar a ver esas cosas esenciales como meditar la Palabra de Dios, orar activamente y pasar un tiempo de adoración con Él, como esa medicina esencial que mantendrá a nuestro corazón latiendo. Las distracciones son el arma favorita de Satanás. Si puede mantenerte ocupado, ocupado, ocupado, poco a poco estarás consumido por el mundo y menos consciente de las maravillas de Dios.

¿Qué cosas te distraen? Las distracciones no son necesariamente cosas malas. Recuerdo cuando mis hijos eran pequeños y necesitaban que les cambiara el pañal, les diera de comer o los cargara. Era difícil permanecer en la Palabra porque en cualquier momento libre ¡necesitaba ya fuera dormir, una siesta, o dormir! Pronto aprendí que para ser efectiva en todo lo que hacía, mi prioridad tenía que ser Dios. Pasar tiempo con él era la clave para todo lo que hacía. Pasar tiempo con Dios puede ser diferente en las diferentes temporadas. En algunas, mi tiempo devocional es en el auto. En otras, escucho la Palabra de Dios en audio mientras me preparo para ir a dormir.

Hay algunas distracciones que no son buenas. Podemos distraernos con la riqueza material y nuestro deseo de obtenerla – ¡todos! Podemos estar distraídos con nuestro desempeño y el nivel de elogios que recibimos de otra gente. Algunas distracciones giran en torno a cómo nos perciben otras personas y cómo nos vemos a nosotros mismos. La escuela, la carrera, las relaciones personales, los hábitos malsanos, todo califica como distracciones que nos alejan de Él.

Mientras planeas tu día –y te recomiendo que seas muy organizado- sé intencional con tu tiempo con Dios. Pídele que cada día traiga a ti Su voluntad para tu vida. Reconoce cuál es la mejor hora del día en la que puedas enfocarte en la oración y en la lectura de Su Palabra. Si eres una persona que funciona mejor por la mañana, tal vez la mejor hora para tener tu tiempo con Dios sea temprano, cuando te levantas, antes que todos los demás. Para las aves nocturnas, el mejor tiempo puede ser a medianoche. Aprende a reconocer cuál es tu hora más efectiva.

Sé directo con el Espíritu Santo y pídele dirección clara para las decisiones que tienes que tomar durante el día. Las interacciones y citas divinas centran tu día cuando le entregas tu agenda a Él. Efesios 6:11 nos dice *"Pónganse toda la armadura de Dios para que puedan hacer frente a las artimañas del diablo."*

Estas no son palabras menores y no deben tomarse a la ligera. Para mí es una práctica común el ponerme la armadura de Dios cada día. *"Porque nuestra lucha no es contra seres humanos, sino contra poderes, contra autoridades, contra potestades que dominan este mundo de tinieblas, contra fuerzas espirituales malignas en las regiones celestiales."* (v. 12) Las batallas que enfrentamos contra las fuerzas espirituales del mal son muy reales.

"Por lo tanto, pónganse toda la armadura de Dios, para que cuando llegue el día malo puedan resistir hasta el fin con firmeza." (v. 13)

Por lo tanto - cuando leo esta palabra, me siento y tomo nota. Por lo tanto es una expresión que implica acción, una acción que debe ser tomada en serio. Por lo tanto, me abrocho el cinturón de la verdad y me aseguro de que la coraza de justicia está en su lugar. Ese cinturón de la verdad me obligará a creer las palabras que Dios dice acerca de mí. Me ayudará a enfocar mis pensamientos en *"todo lo verdadero, todo lo respetable, todo lo justo, todo lo puro, todo lo amable, todo lo digno de admiración, en fin, todo lo que sea excelente o merezca elogio."*- Filipenses 4:8.

Al vestirte, asegúrate de traer el cinturón de la verdad alrededor de tu cintura, para que la Verdad de nuestro Padre Celestial camine contigo.

Luego, ponte la coraza de justicia en el pecho para guardar tu corazón. Proverbios 4:23 nos dice *"Por sobre todas las cosas cuida tu corazón, porque de él mana la vida."*

Sí importa lo que leemos, lo que miramos, con quién hablamos y qué escuchamos. Al desear constantemente sólo cosas terrenales, bajamos la guardia. Tenemos pensamientos carnales y actuamos de maneras que no son guiadas por el Espíritu Santo. Nos convencemos a nosotros mismos y justificamos nuestras acciones creyendo que la Palabra de Dios ya no es relevante. Pero la Palabra de Dios es eterna.

Agáchate y agárrate los pies. Pídele al Espíritu Santo que dirija tus pasos. Que te permita estar en paz mientras transcurre el día. Para conocer el llamado que Dios tiene para tu vida, tienes que comprometerte a darle el control y el acceso a tu día. Aunque pueda parecer raro, éste será un recordatorio visual de Quién dirige tus pies, paso a paso, para mantenerte en el camino que Él escogió para ti. El Salmo 23:3 dice *"Me guía por sendas de justicia por amor a su nombre."*

Tenemos que comprometernos a darle a Dios "lo mejor de nosotros". No lo que sobra de mí. No el que ha trabajado todo el día, ha visto televisión, ha atendido las redes sociales y que cierra sus ojos y se da cuenta: "Ah sí, se me olvidó orar." Piénsalo de esta manera. Cuando estábamos sólo saliendo e iba a ver a mi esposo Charles, pasaba días pensando en el atuendo perfecto que me pondría ese día. Todo nuestro noviazgo fue una relación a larga distancia (antes del *Facetime*), así que cuando finalmente nos veíamos, quería que fuera memorable. Me hacía *manicure*, me peinaba, me ponía perfume, joyas, los zapatos perfectos. Jamás me sucedió que llegara el día de vernos y me pusiera cualquier cosa. ¿Cuánto más deberíamos hacer por nuestro Salvador? Deberíamos prepararnos para nuestro tiempo con Él regularmente y esperar cada momento con expectativa.

Su plan para nuestra vida puede revelarse más claramente cuando estamos dispuestos a darle lo mejor de nosotros – aquí y ahora - tal y como estamos. Debido a esto, tenemos que aprender a confiar en Dios y en Su Palabra. Es a través de Su palabra que Él revelará su plan en cada etapa de tu vida y escucharás tu llamado.

Una amiga me contó una historia sobre su hermano. Tenía varios hijos y por su trabajo, tenía que mudarse bastante. El hijo menor luchó por hacer amigos, encajar, sacar buenas calificaciones, mantenerse al margen de problemas… ya sabes las luchas que pueden tener los jóvenes adolescentes. A medida que fue creciendo, saliendo apenas de la preparatoria, fue despedido de varios trabajos y terminó en el sofá de su padre, derrotado y sin ganas de hacer nada. Mi amiga decía "¡Necesitas echar a ese chico! Muéstrale un poco de amor rudo. Necesita ordenar su vida y no lo hará si siempre lo estás ayudando."

Hace unos años vi un anuncio de este mismo joven, que se graduaba de la Escuela de Medicina como anestesiólogo. ¿Cómo podía ser? Había perdido contacto con su familia pero aún así, este chico –ahora hombre- parecía ir por mal camino, no a la universidad y mucho menos a la Escuela de Medicina! Por supuesto, entusiasmada y ansiosa de escuchar cómo habían cambiado las cosas, llamé a mi amiga. Sus palabras fueron simples: "Mi hermano nunca se rindió con él. Nunca." Esto me intrigó. ¿Cuál era su historia?

En la publicación de su graduación decía: "Mi padre nunca dejó que decirme que creía en mí. Nunca dejó de decir: 'Sé que Dios tiene planes para tu vida. Cuando estés listo, escucharás."

¡Qué historia tan hermosa y real! Debería animarnos. Dios nunca dejará de creer que regresaremos a ser la persona que Él planeó que fuéramos. Él está esperando y está listo para que lo escuchemos y le permitamos guiarnos en el camino que preparó para nosotros. Esto empieza con una aceptación de quién eres ahora mismo. ¿Recuerdas los abrazos de los que te hablé? Ahora es el momento de darte uno.

Fred Rogers tenía un programa de televisión para niños en la PBS, llamado "*Mr. Roger's Neighborhood*". Tal vez algunos de ustedes lo habrán visto y otros habrán oído hablar de él con el estreno de la película sobre su vida; pero siempre terminaba el programa con una canción muy simple que había escrito, "*Eres tú quien me gusta*".

> *Eres tú quien me gusta,*
> *No son las cosas que llevas,*
> *No es la forma en la que te arreglas el cabello,*
> *Sino eres tú quien me gusta,*
> *Tal como eres ahora mismo*
> *El camino hacia tu interior*
> *No las cosas que te esconden,*
> *No tus juguetes*
> *Ellos sólo están junto a ti*
> *Sino eres tú quien me gusta,*
> *Cada parte de ti.*
> *Tu piel, tus ojos, tus sentimientos*
> *Ya sean viejos o nuevos.*
> *Espero que siempre recuerdes*
> *Aún cuando estés triste*
> *Que eres tú quien me gusta*
> *Eres tú, eres tú.*
> *Eres tú quien me gusta*

Escrito por Fred Rogers | © *1971, Fred M. Rogers*

Lo que me gustaría que hicieras ahora mismo es cambiar la palabra "gustar" por "amar". Me imagino a Dios cantándote una canción parecida. "Eres tú a quien amo. No es la ropa que te pones. No es la manera en la que te arreglas el cabello, sino es a ti a quien amo. Tal como eres AHORA MISMO. Amo tu interior. No las cosas que te esconden, no tus cosas, que sólo están junto a ti. Sino eres tú a quien amo. CADA PARTE de ti. Tu piel, tus ojos, tus sentimientos ya sean viejos o nuevos. Espero que siempre recuerdes, aún cuando estés triste, que eres tú a quien amo. Eres tú, eres tú. Eres tú a quien AMO."- DIOS.

Empieza con creer que Dios te ama tal como eres. En 2 Timoteo 1:6-7, Pablo nos dice: *"Por eso te recomiendo que avives la llama del don de Dios que recibiste cuando te impuse las manos. Pues Dios no nos ha dado un espíritu de timidez, sino de poder, de amor y de dominio propio."*

¿Cuáles son tus dones, talentos, deseos y pasiones? Toma conciencia, en oración, de tu singularidad. Pídele a Dios que te ayude a descubrir formas de usar esos dones y talentos para el beneficio de Su Reino y del cumplimiento de tu creación. Algunos piensan que nuestro trabajo para el Señor debe de ser dentro de la iglesia. Otros piensan que es evangelizar, ir a viajes misioneros o trabajar para una organización sin fines de lucro. ¿Te das cuenta de que podría ser justo en tu casa o en tu trabajo o en tu escuela? Ser madre, maestro, mentor o amigo podría ser un llamado. La obra en el Reino no es solamente predicar, el trabajo del Reino es cualquier cosa que ayude a devolver este mundo al lugar que Dios lo creó.

¿Estás listo para ser quien Dios dice que eres? Eso empieza contigo. Comienza cuando soltamos el control que nos dice que estamos destinados a complacer a la sociedad. Comienza entregándole el control a Dios. ¿Qué es importante para Dios?

Quiero recordarte que este cambio no sucede de la noche a la mañana porque somos demasiado obstinados y demasiado apegados a nuestras costumbres. Pero a través de nuestra conexión y nuestra relación con Dios, al ser proactivos todos los días en nuestras oraciones y en la meditación de la Palabra, al ser hacedores de la Palabra de Dios, podemos cambiar. Cuando digo cambiar, no me refiero a quiénes somos, sino a cómo pensamos, cómo nos percibimos a nosotros mismos, cómo vemos nuestras circunstancias, cómo vemos nuestra vida y cómo nos quitamos las etiquetas que otros nos han puesto.

Eres amado por Dios, tu Creador, de una manera que no puedes entender. Vas a hacer grandes cosas para el Reino de Dios. Quiero agradecerte por encontrar tu suficiencia en Jesucristo porque al hacerlo, tú y yo permitimos la unción y el fortalecimiento del Espíritu Santo para hacer cada tarea que Él nos ha pedido que hagamos. Sabrás lo que necesitas dejar en tu vida y de quién te tienes que alejar. La gente comenzará a verte diferente y a preguntarse qué ha pasado en tu vida. Encontrarás significado y propósito en tu caminar diario con Él. Ha sido un privilegio pasar tiempo contigo en este viaje para descubrir quién YA eres. ¡Alabo a Dios porque somos suficientes en Él!

enoughness

Ya Eres Suficiente: Tomémoslo Personal

¿Alguna vez has escuchado a alguien hablar de "cuándo no orar"? Suena muy poco espiritual y poco inspirado, ¡pero hay veces en las que tenemos que decir Amén a nuestras oraciones y empezar a actuar!

¿Cuáles son los pasos que puedes tomar ahora que sabes que eres SUFICIENTE y que tienes en Dios la SUFICIENCIA que necesitas?

Hace unos años, tuve la oportunidad de obtener un título adicional tomando tres clases más en el curso de tres semestres más. Lo consideré mucho, ya que crecí en un contexto donde la educación es muy valorada.

Por más que quería hacerlo sólo por la determinación y el impulso innatos que siento hacia ciertas actividades, no tenía paz en ello. Sentí que Dios me decía: "Es hora de pasar de la preparación a la acción".

Nos esforzamos por llegar a ser perfectos para cumplir nuestro propósito. Incluso al completar este libro, ¡ha sido una lucha constante a través de sentimientos de no ser suficiente, royendo mi conocimiento!

Debemos romper el ciclo de la orgullosa postergación y del freno que impone el perfeccionismo e ¡IR! ¡SER! ¡HACER!

¡VE AL ÁREA DE TU SUFICIENCIA!
¡SÉ TODO EN TU SUFICIENCIA!
¡HAZ TODO LO QUE HAS SIDO LLAMADO A HACER EN TU SUFICIENCIA!
¡En Sus Marcas, Listos, Fuera! ¡Ve! ¡Sé! ¡Haz!

¿Qué te está retrasando en la línea de salida? _____

_____

_____

¿Cómo te ha detenido el orgullo para ir y estar LISTO? _____

_____

_____

¿Cómo te ha detenido el perfeccionismo para ir y estar LISTO? _____

_____

_____

enoughness

¿Cómo te ha detenido la gente para ir y estar LISTO? _____

_____

_____

¿Cómo te ha detenido la duda personal para ir y estar LISTO? _____

_____

_____

¿Cómo te han detenido las políticas o las normas en tu industria para ir y estar LISTO?

_____

_____

_____

¿Cómo te ha detenido la percepción que tienes de ti mismo para ir y estar LISTO?

_____

_____

_____

Se Ha Dicho Lo Suficiente

Tu Aceptación Sobre Lo Que Dios Ha Dicho De Ti

Através de este viaje, a través de todas las áreas en las que podría *nunca ser suficiente*, Dios me mostró que *tenía suficiente*. El enemigo necesitaba saber que ya era suficiente y eso fue lo que le dije. A pesar de lo que no soy, he recibido *justo lo suficiente* para que Dios pueda usarme. Por esto, ¡confieso, decreto y declaro que *ya soy Suficiente*, que tengo lo Suficiente y que *estoy lista*!

Ahora, digamos estos versículos juntos y descubramos que a través de la Palabra de Dios ¡*ya se ha dicho lo suficiente* de ti para que creas en tu *SUFICIENCIA* en ÉL! El arma más poderosa que tenemos es orar las Escrituras con fe. ¡La Escritura está llena de declaraciones para ti, sobre ti y *tu suficiencia*!

Mientras hablas la Palabra, ¡creo que tus sentimientos de insuficiencia serán sustituidos por sentimientos de audacia y *SUFICIENCIA* llena de fe!

La Biblia nos llena de esperanza al saber que *HA SIDO DICHO LO SUFICIENTE* de ti en la Palabra de Dios para llenar abundantemente los espacios vacíos de tu vida.

Así que, juntos, ¡vamos a decir lo que Él dice de nosotros!

Soy Lo Suficientemente Hermoso Porque

El Salmo 139:14 declara:
"¡Te alabo porque soy una creación admirable! ¡Tus obras son maravillosas, y esto lo sé muy bien!"

1 Pedro 1:23
"Pues ustedes han nacido de nuevo, no de simiente perecedera, sino de simiente imperecedera, mediante la palabra de Dios que vive y permanece."

2 Corintios 5:17
"Soy una nueva creación en Cristo."

Génesis 1:27
"Y Dios creó al ser humano a su imagen; lo creó a imagen de Dios. Hombre y mujer los creó."

Eclesiastés 3:11
"Dios hizo todo hermoso en su momento, y puso en la mente humana el sentido del tiempo, aun cuando el hombre no alcanza a comprender la obra que Dios realiza de principio a fin."

Proverbios 3:15-18
"Es más valiosa que las piedras preciosas: ¡ni lo más deseable se le puede comparar! Con la mano derecha ofrece larga vida; con la izquierda, honor y riquezas. Sus caminos son placenteros y en sus senderos hay paz. Ella es árbol de vida para quienes la abrazan; ¡dichosos los que la retienen!"

2 Corintios 5:20
"Soy una embajadora de Cristo..."

1 Pedro 2:9

"Soy parte de un linaje escogido, real sacerdocio, nación santa, pueblo que pertenece a Dios…"

1 Corintios 6:19

"Mi cuerpo es templo del Espíritu Santo; le pertenezco a Él."

Génesis 1:31

"Dios miró todo lo que había hecho, y consideró que era muy bueno."

Estoy Lo Suficientemente Equipado Porque

Filipenses 4:13 declara que:
 " Todo lo puedo en Cristo que me fortalece."

Colosenses 1:11
 "Soy fortalecido en todo sentido con su glorioso poder."

2 Corintios 3:5
 "No es que nos consideremos competentes en nosotros mismos. Nuestra capacidad viene de Dios."

Filipenses 1:6
 "Estoy convencido de esto: el que comenzó tan buena obra en ustedes la irá perfeccionando hasta el día de Cristo Jesús."

Filipenses 2:13
 "Pues Dios es quien produce en ustedes tanto el querer como el hacer para que se cumpla su buena voluntad."

Hebreos 13:20-21
 "El Dios que da la paz levantó de entre los muertos al gran Pastor de las ovejas, a nuestro Señor Jesús, por la sangre del pacto eterno. Que él los capacite en todo lo bueno para hacer su voluntad. Y que, por medio de Jesucristo, Dios cumpla en nosotros lo que le agrada. A él sea la gloria por los siglos de los siglos. Amén."

1 Pedro 5:10

" *Y, después de que ustedes hayan sufrido un poco de tiempo, Dios mismo, el Dios de toda gracia que los llamó a su gloria eterna en Cristo, los restaurará y los hará fuertes, firmes y estables."*

Salmo 138:8

"El Señor cumplirá en mí su propósito. Tau gran amor, Señor, perdura para siempre; ¡no abandones la obra de tus manos!"

2 Tesalonisenses 1:1

"Por eso oramos constantemente por ustedes, para que nuestro Dios los considere dignos del llamamiento que les ha hecho, y por su poder perfeccione toda disposición al bien y toda obra que realicen por la fe."

2 Tesalonisenses 3:3-4

"Pero el Señor es fiel, y él los fortalecerá y los protegerá del maligno. Confiamos en el Señor de que ustedes cumplen y seguirán cumpliendo lo que les hemos enseñado."

Soy Lo Suficientemente Resiliente Porque

El Salmo 46:5 declara:
"Dios está en ella, no caerá"

1 Crónicas 28:20
"... «¡Sé fuerte y valiente, y pon manos a la obra! No tengas miedo ni te desanimes, porque Dios el Señor, mi Dios, estará contigo. No te dejará ni te abandonará hasta que hayas terminado toda la obra del templo del Señor."

1 Corintios 15:58
"Por lo tanto, mis queridos hermanos, manténganse firmes e inconmovibles, progresando siempre en la obra del Señor, conscientes de que su trabajo en el Señor no es en vano."

Deuteronomio 31:6
"Sean fuertes y valientes. No teman ni se asusten ante esas naciones, pues el Señor su Dios siempre los acompañará; nunca los dejará ni los abandonará."

Juan 14:27
"La paz les dejo; mi paz les doy. Yo no se la doy a ustedes como la da el mundo. No se angustien ni se acobarden."

Salmo 56:3-4
"Cuando siento miedo, pongo en ti mi confianza. Confío en Dios y alabo su palabra; confío en Dios y no siento miedo. ¿Qué puede hacerme un simple mortal?"

2 Timoteo 1:7
"Pues Dios no nos ha dado un espíritu de timidez, sino de poder, de amor y de dominio propio."

Josué 1:9

"Ya te lo he ordenado: ¡Sé fuerte y valiente! ¡No tengas miedo ni te desanimes! Porque el Señor tu Dios te acompañará dondequiera que vayas."

Efesios 6:10-14

"Por último, fortalézcanse con el gran poder del Señor. Pónganse toda la armadura de Dios para que puedan hacer frente a las artimañas del diablo. Porque nuestra lucha no es contra seres humanos, sino contra poderes, contra autoridades, contra potestades que dominan este mundo de tinieblas, contra fuerzas espirituales malignas en las regiones celestiales. Por lo tanto, pónganse toda la armadura de Dios, para que cuando llegue el día malo puedan resistir hasta el fin con firmeza. Manténganse firmes, ceñidos con el cinturón de la verdad, protegidos por la coraza de justicia."

Romanos 8:28

"Ahora bien, sabemos que Dios dispone todas las cosas para el bien de quienes lo aman,[a] los que han sido llamados de acuerdo con su propósito."

Soy Lo Suficientemente Fuerte Porque

El Salmo 28:7 declara:
"El Señor es mi fuerza y mi escudo."

Salmo 46:1
"Dios es nuestro amparo y nuestra fortaleza, nuestra ayuda segura en momentos de angustia."

Proverbios 18:10
"Torre inexpugnable es el nombre del Señor; a ella corren los justos y se ponen a salvo."

Nehemías 8:10
"...No estén tristes, pues el gozo del Señor es nuestra fortaleza."

1 Crónicas 16:11
"¡Refúgiense en el Señor y en su fuerza, busquen siempre su presencia!" Deuteronomio 20:4 " porque el Señor tu Dios está contigo; él peleará en favor tuyo y te dará la victoria sobre tus enemigos."

Éxodo 15:2
"El Señor es mi fuerza y mi cántico; él es mi salvación. Él es mi Dios, y lo alabaré; es el Dios de mi padre, y lo enalteceré."

Juan 16:33
"Yo les he dicho estas cosas para que en mí hallen paz. En este mundo afrontarán aflicciones, pero ¡anímense! Yo he vencido al mundo."

Isaías 41:10

"Así que no temas, porque yo estoy contigo; no te angusties, porque yo soy tu Dios. Te fortaleceré y te ayudaré; te sostendré con mi diestra victoriosa."

Salmo 27:10

"El Señor es mi luz y mi salvación; ¿a quién temeré? El Señor es el baluarte de mi vida; ¿quién podrá amedrentarme?"

Soy Incondicionalmente Amado Porque

Romanos 5:8 declara:
"Te amé en tus peores momentos."

Jeremías 31:3
"El Señor se nos apareció en el pasado y nos dijo: 'Con amor eterno te he amado; con amor inagotable te he acercado a mí.'"

Juan 3:16
"Porque tanto amó Dios al mundo que dio a su Hijo unigénito, para que todo el que cree en él no se pierda, sino que tenga vida eterna."

1 Juan 3:1
"¡Fíjense qué gran amor nos ha dado el Padre, que se nos llame hijos de Dios! ¡Y lo somos! El mundo no nos conoce, precisamente porque no lo conoció a él."

Juan 14:21
"¿Quién es el que me ama? El que hace suyos mis mandamientos y los obedece. Y al que me ama, mi Padre lo amará, y yo también lo amaré y me manifestaré a él."

Romanos 5:5
"Y esta esperanza no nos defrauda, porque Dios ha derramado su amor en nuestro corazón por el Espíritu Santo que nos ha dado."

1 Juan 4:9-10

"Así manifestó Dios su amor entre nosotros: en que envió a su Hijo unigénito al mundo para que vivamos por medio de él. En esto consiste el amor: no en que nosotros hayamos amado a Dios, sino en que él nos amó y envió a su Hijo para que fuera ofrecido como sacrificio por el perdón de[a] nuestros pecados."

Romanos 8:37-39

"Sin embargo, en todo esto somos más que vencedores por medio de aquel que nos amó.38 Pues estoy convencido de que ni la muerte ni la vida, ni los ángeles ni los demonios,[a] ni lo presente ni lo por venir, ni los poderes, 39 ni lo alto ni lo profundo, ni cosa alguna en toda la creación podrá apartarnos del amor que Dios nos ha manifestado en Cristo Jesús nuestro Señor."

Salmo 103:8

"El Señor es clemente y compasivo, lento para la ira y grande en amor."

Salmo 103:11

"Tan grande es su amor por los que le temen como alto es el cielo sobre la tierra."

Estoy Lo Suficientemente Protegido Porque

"El Salmo 62:5-6 declara que:

"Solo Dios da descanso a mi alma; dependo de Él. Solo él es la roca que me mantiene a salvo; y Él es la fortaleza en la que me siento seguro."

2 Tesalonisenses 3:3

"Pero el Señor es fiel, y él los fortalecerá y los protegerá del maligno."

Isaías 41:10

"Así que no temas, porque yo estoy contigo; no te angusties, porque yo soy tu Dios. Te fortaleceré y te ayudaré; te sostendré con mi diestra victoriosa."

Salmo 5:11

"Pero que se alegren todos los que en ti buscan refugio; ¡que canten siempre jubilosos! Extiéndeles tu protección, y que en ti se regocijen todos los que aman tu nombre."

Salmo 34:19

"Muchas son las angustias del justo, pero el Señor lo librará de todas ellas."

Salmo 46:1

"Dios es nuestro amparo y nuestra fortaleza, nuestra ayuda segura en momentos de angustia."

Salmo 59:1

"Líbrame de mis enemigos, oh Dios; protégeme de los que me atacan."

Salmo 138:7

"Aunque pase yo por grandes angustias, tú me darás vida; contra el furor de mis enemigos extenderás la mano: ¡tu mano derecha me pondrá a salvo!"

2 Corintios 4:8-9

"Nos vemos atribulados en todo, pero no abatidos; perplejos, pero no desesperados; perseguidos, pero no abandonados; derribados, pero no destruidos."

Salmo 23

"El Señor es mi pastor, nada me falta; en verdes pastos me hace descansar. Junto a tranquilas aguas me conduce; me infunde nuevas fuerzas. Me guía por sendas de justicia por amor a su nombre. Aun si voy por valles tenebrosos, no temo peligro alguno porque tú estás a mi lado; tu vara de pastor me reconforta. Dispones ante mí un banquete en presencia de mis enemigos. Has ungido con perfume mi cabeza; has llenado mi copa a rebosar. La bondad y el amor me seguirán todos los días de mi vida; y en la casa del Señor habitaré para siempre."

I Soy Lo Suficientemente Audaz Porque

2 Timoteo 1:7 declara:
"Pues Dios no nos ha dado un espíritu de timidez, sino de poder, de amor y de dominio propio."

Daniel 6:26-27
"... Porque él es el Dios vivo, y permanece para siempre. Su reino jamás será destruido, y su dominio jamás tendrá fin. Él rescata y salva; hace prodigios en el cielo y maravillas en la tierra. ¡Ha salvado a Daniel de las garras de los leones!»

Hebreos 10:35-36
"Así que no pierdan la confianza, porque esta será grandemente recompensada. 36 Ustedes necesitan perseverar para que, después de haber cumplido la voluntad de Dios, reciban lo que él ha prometido."

Jeremías 1:8
"No le temas a nadie, que yo estoy contigo para librarte». Lo afirma el Señor."

Proverbios 31:25
"Se reviste de fuerza y dignidad, y afronta segura el porvenir."

Éxodo 14:14
"Ustedes quédense quietos, que el Señor presentará batalla por ustedes."

Proverbios 30:5
"Toda palabra de Dios es digna de crédito; Dios protege a los que en él buscan refugio."

Job 41:33

"En la tierra es sin igual, ninguna otra criatura es tan intrépida."

Hebreos 13:6

"Así que podemos decir con toda confianza: El Señor es quien me ayuda; no temeré. ¿Qué me puede hacer un simple mortal?"

Lucas 1:45

"¡Dichosa tú que has creído, porque lo que el Señor te ha dicho se cumplirá!"

enoughness

Soy Lo Suficientemente Victorioso Porque

2 Crónicas 20:15 me dice:
"La batalla no es mía, sino del Señor!"

1 Juan 5:4
"porque todo el que ha nacido de Dios vence al mundo. Esta es la victoria que vence al mundo: nuestra fe."

1 Corintios 10:13
"Ustedes no han sufrido ninguna tentación que no sea común al género humano. Pero Dios es fiel, y no permitirá que ustedes sean tentados más allá de lo que puedan aguantar. Más bien, cuando llegue la tentación, él les dará también una salida a fin de que puedan resistir."

Salmo 3:8
"Tuya es, Señor, la salvación; ¡envía tu bendición sobre tu pueblo!"

Proverbios 21:31
"Se alista al caballo para el día de la batalla, pero la victoria depende del Señor."

1 Corintios 15:57
"¡Pero gracias a Dios, que nos da la victoria por medio de nuestro Señor Jesucristo!"

2 Corintios 2:14
"gracias a Dios que en Cristo siempre nos lleva triunfantes y, por medio de nosotros, esparce por todas partes la fragancia de su conocimiento."

Romanos 6:14

"Así el pecado no tendrá dominio sobre ustedes, porque ya no están bajo la ley, sino bajo la gracia."

Isaías 55:11

"así es también la palabra que sale de mi boca: No volverá a mí vacía, sino que hará lo que yo deseo y cumplirá con mis propósitos."

Romanos 8:2 "pues por medio de él la ley del Espíritu de vida me ha liberado de la ley del pecado y de la muerte."

Se Ha Dicho Lo Suficiente: Tomémoslo Personal

Consigue un dispositivo que grabe audio, ya sea una aplicación en tu teléfono como "Notas de voz" o una antigua grabadora que hayas guardado hace años. Graba tu voz diciendo las declaraciones de *suficiencia* de arriba. Léelas, grábalas y escúchalas de nuevo. ¡Repítelas otra vez! Léelas, grábalas y ¡escúchalas de nuevo!

Si hay un área en particular en tu vida en la que te hayas sentido desafiado, retado en tu *suficiencia*, añádela a la lista de versículos y declaraciones anteriores.

Personaliza Tu Lista " Se Ha Dicho Lo Suficiente"

Soy lo suficientemente _____ porque la Escritura me dice en

_____ que _____

_____

_____

Soy lo suficientemente _____ porque la Escritura me dice en

_____ que _____

_____

_____

Soy lo suficientemente _____ porque la Escritura me dice en

_____ que _____

_____

_____

enoughness

Soy lo suficientemente _____ porque la Escritura me dice en

_____ que _____

_____

_____

Soy lo suficientemente _____ porque la Escritura me dice en

_____ que _____

_____

_____

Soy lo suficientemente _____ porque la Escritura me dice en

_____ que _____

_____

_____

Agradecimientos

Gracias a mi familia, amigos, a la familia de la Iglesia Bautista Misionera de Chicago, Illinois.

Gracias a mi familia: los equipos de los Rawl, los Fuller y los Jenkins.

No puedo agradecer lo suficiente a mi esposo y a mi madre por el increíble apoyo con el que me han rodeado.

A mi increíble familia, que durante toda mi vida, ya sea cerca o lejos, siempre me han hecho sentir que tengo más que suficiente para enfrentar todo lo que se me presente, ¡los aprecio mucho!

¡Gracias a mis hermanas y amigas, que estuvieron conmigo en la sala de entrega de este proyecto: Phillis, Stephanie, Robin, Anika, Allyson, Abbie, Lori, Shameka, Brittney, Tenitra, Tiffany, Adrienne, Jamell, Lisa, Bev y la señora Mónica! Las estimo tanto. Gracias a todos mis compañeros de ministerio que me animaban diciéndome: "¡Sé que tú puedes, sé qué tú puedes!"

Gracias Gloria, Erica, Marcie, Latonia, Cleo, Dra. Sheila Bailey y Rev. Tonia Johnson.

Al difunto Dr. Lois Evans, cuyas palabras de aliento resuenan en mi corazón.

Gracias a la familia de la Iglesia que ha sido literalmente una familia para mí a lo largo de mi viaje en el ministerio en las últimas dos décadas. ¡Los amo y valoro cada oración, cada palabra de ánimo y cada forma en la que me han apoyado! Ya sea alentándome en persona o en mi ausencia, promoviéndome y protegiéndome, les agradezco sinceramente.

A la familia Evans que sigue siendo nuestra familia, ¡los amo!

Al equipo que ha viajado cerca o lejos para servir a mi lado sin importar lo que haya estado haciendo en esa temporada, no puedo agradecerles lo suficiente. Monica, Shataka, Alicia, Linda, Ms. T y la difunta Ms. Niecey.

Al Pastor Sharpe y Lady Bri, ¡mi agradecimiento por su continuo amor y apoyo!

A Sherri Day, Cintia Azevedo, Bianca Corral y Mardia Lira, gracias por su apoyo al animarme a difundir este mensaje por todo el mundo!

Acerca de la Autora

Tara Rawls Jenkins, Ed.D. es una comunicadora creativa de la Palabra de Dios. Sus mensajes con frecuencia fusionan la palabra hablada, la música y la danza, utilizando referencias culturales seculares para explicar los principios de las Escrituras.

Se graduó de la Universidad Clark de Atlanta con una Licenciatura en Artes en Medios de Comunicación, del Instituto Bíblico Moody con una Maestría en Estudios Bíblicos y del Seminario Teológico Bautista del Sur con un Doctorado en Educación en el Liderazgo.

Con una pasión por ver a las mujeres, esposas y niñas empoderadas, Tara disfruta organizar eventos que fortalecen la fe.

Tara es también la fundadora de ministrymates.org, una organización que equipa a las esposas de ministros y de pastores para el ministerio.

Tara vive con su esposo Charles -compositor y cantante- y sus tres extraordinarios hijos, Princess (17), Paris (15) y Charles (11).

www.ingramcontent.com/pod-product-compliance
Lightning Source LLC
Chambersburg PA
CBHW081415080526
44589CB00016B/2549